Le Chantage émotionnel

Comprendre et se protéger face aux dépendances affectives, violences psychologiques, relations toxiques et autres types de harcèlement

Emory Green

TABLE DES MATIÈRES

INTRODUCTION

Sont-elles difficiles ou toxiques ? Je parle des relations avec des personnes proches et chères. Peu importe à quel point les relations sont étroites, certaines peuvent être assez difficiles. Mais, certaines peuvent même s'être transformées en relation toxique sans que vous en ayez conscience.

Cependant, vous pouvez déterminer si vos relations sont saines ou toxiques.

Une relation saine exige sincérité et compassion de la part des deux parties. Elle aide les deux personnes concernées à évoluer et à devenir des personnalités confiantes et aimables. Mais que faire si vous commencez à vous sentir étouffé et contrôlé dans une relation ? Que faire si vos besoins ne comptent pas dans une relation sur laquelle vous comptez ? Le pire, c'est que vous ne vous sentez pas en sécurité et soutenu pour exprimer vos sentiments. Cela constitue une relation toxique. Une telle relation peut démolir votre estime de soi au plus bas.

Cependant, il n'est pas facile d'identifier une relation toxique. Encore plus, lorsque ces relations vous sont chères. Vous comptez sur elles pour tout votre soutien émotionnel. Elles sont l'épine dorsale de votre bien-être émotionnel. Pourtant, elles sont devenues toxiques.

Il n'est pas facile d'identifier la toxicité dans les relations car les personnes qui vous entourent, celles que vous aimez le plus, peuvent utiliser des tactiques. Des tactiques pour vous manipuler d'une manière qui semble inoffensive, bien qu'elles ne le soient pas. Ils peuvent les utiliser pour vous manipuler et obtenir ce qu'ils veulent. En bref, ils peuvent vous faire du chantage émotionnel. Mais pourquoi ne pouvez-vous pas facilement identifier que vous êtes victime de chantage affectif ? Tout simplement parce que les maîtres chanteurs utilisent des techniques secrètes pour vous manipuler. Ils peuvent faire en sorte que leurs exigences semblent raisonnables, vous faire sentir égoïste ou utiliser une personne influente pour vous intimider.

En fin de compte, vous vous sentez obligé de céder. Il devient difficile pour vous de vous défendre, de faire valoir vos besoins et vos opinions. Par conséquent, vous endurez la relation toxique par peur de perdre l'être aimé. La relation et le maître chanteur prennent le dessus sur vous, sur votre esprit, votre intellect et vos sentiments. Vous vous sentez frustré, mais vous ne pouvez rien faire.

Eh bien, c'est ce que vous pensez et ressentez jusqu'à présent. Cependant, il y a toujours une lueur d'espoir dans le plus sombre des trous.

Votre rayon d'espoir est juste là. C'est dans le secret que je vais révéler dans ce livre. Un secret qui t'aide à comprendre.

Comprenez ce qu'est le chantage affectif, quel est l'état d'esprit de ces maîtres chanteurs, ce qui les pousse à faire du chantage affectif, pourquoi ils se comportent comme ils le font et ce qui façonne la personnalité de ces vampires du chantage. Une fois que vous saurez tout cela, je vous garantis que vous pourrez facilement éviter de vous faire manipuler émotionnellement.

En outre, si vous avez un aperçu des techniques secrètes utilisées par ces maîtres chanteurs, vous pourrez facilement identifier les empreintes digitales du chantage affectif. Comment ces maîtres chanteurs utilisent des mots et des phrases qui embrouillent votre esprit ; comment ils vous obligent à penser qu'ils ont raison et que vous avez tort. Vous identifierez les méthodes utilisées par les vampires maîtres chanteurs pour profiter de vous et obtenir ce qu'ils veulent.

Enfin, je vous donnerai des étapes simples et pratiques pour changer cette dynamique et vous tirer des griffes du chantage affectif. En suivant ces conseils, vous pourrez vaincre le chantage affectif et retrouver le pouvoir que vous avez perdu sur ceux qui vous manipulent.

Comment pourrais-je te dire ce secret ? Suis-je un gourou des relations ?

Eh bien, attribuez-le à mon expérience, à mes observations et à mes études dans les profondeurs de la psychologie noire, de la manipulation secrète, de la manipulation émotionnelle et du chantage. J'ai exploré les tactiques de motivation, de persuasion, de manipulation et de coercition que les gens utilisent pour obtenir ce qu'ils veulent.

Ma propre expérience m'a conduit à le faire. J'avais été victime de la forme la plus sévère de manipulation émotionnelle dans mes jeunes années. J'ai été témoin d'un abus émotionnel sous une forme très intense. Cela m'a asservi à des sentiments de culpabilité pendant des années. Mon cœur battait la chamade à cause des stigmates de la manipulation émotionnelle dont j'avais été témoin et que je n'avais pas su dénoncer.

Néanmoins, j'ai eu l'occasion d'explorer. De voir et de comprendre ce qui rend le chantage affectif si puissant. Qu'est-ce qui en fait la forme de manipulation la plus délicate et la plus répandue à connaître et à comprendre, en particulier dans nos relations étroites ?

J'ai aussi appris les outils puissants, les tactiques, les techniques subtiles que ces maîtres chanteurs utilisent pour régner sur nos émotions. Comment ils utilisent notre faiblesse contre nous pour nous manipuler et obtenir ce qu'ils veulent.

Dans ce livre, je vais révéler tout ce que j'ai appris. Si vous vous trouvez dans une situation similaire, je ne veux pas que vous soyez une victime un jour de plus.

Vous sentez-vous déchiré jusqu'au plus profond de vous-même, et que cela est causé par celui que vous aimez le plus ? Vous trouvez que d'autres personnes prennent le contrôle de vos émotions ? Alors, vous êtes certainement la cible de toutes sortes de tactiques manipulatrices et coercitives que les gens utilisent pour profiter de vous. Mais plus maintenant !

La lecture de ce livre ne vous fera pas seulement prendre conscience de ces tactiques de manipulation, mais vous mettra également une épée entre les mains. Une épée, une arme puissante que vous pouvez utiliser pour vous sauvegarder et vous protéger de la sauvagerie émotionnelle de ces personnes.

Ce que je vais vous révéler entre ces pages vous permettra de définir vos limites et vous donnera la résilience mentale nécessaire pour ne plus être exploité. Non seulement vous vous sentirez fort, mais vous serez mentalement et émotionnellement préparé à faire face à de tels vampires et à mener une vie paisible.

Comprendre les techniques de ces maîtres chanteurs vous aidera également à faire votre introspection. Ce que je veux dire, c'est que vous serez en mesure d'évaluer vos propres tactiques dans divers domaines de la vie - travail, famille, relations amoureuses et amicales. Vous pourrez ainsi éviter le piège d'être vous-même un maître-chanteur.

Ne vous méprenez pas quand je dis cela. Mais il est si facile de devenir la proie de ces tactiques que nous pouvons même les utiliser nous-mêmes sans le savoir. Il se peut que nous ne soyons pas seulement les victimes de ces méthodes, mais que nous en soyons aussi les auteurs.

C'est pourquoi j'ai commencé à rechercher les méthodes qui nous font passer, nous ou les autres, du statut d'être humain à celui de vampire maître chanteur. Mon intention en écrivant ce livre était - et est toujours - de tirer le plus grand nombre de personnes possible de l'emprise du chantage affectif et de les aider à mener une vie joyeuse.

Et je fais l'expérience de la réalisation de cette intention chaque jour lorsque j'apporte fièrement la liberté à des centaines de personnes en exposant ces astuces.

Imaginez ! Imaginez votre vie sans ce maître chanteur émotionnel. Pas de culpabilité, pas de honte, pas de peur et pas de doutes. Plus besoin de souffrir ou de s'excuser pour des choses que vous n'avez pas faites. L'idée même est géniale ! N'est-ce pas ?

Maintenant, transformez cette imagination en réalité en parcourant les pages de ce livre qui vous enseigne de A à Z le chantage affectif. Il éliminera toute la brume et le brouillard de votre esprit et révélera la vérité sur vos relations. Vous serez en mesure de voir vos proches, non seulement pour ce qu'ils sont, mais aussi pour leurs intentions.

Et une fois que vous voyez la vérité, cela vous libère. Libre de la culpabilité, de la honte et des obligations que vous portez depuis longtemps.

Alors, êtes-vous prêt à apprendre la vérité sur votre relation ?

Avant d'aller de l'avant, répondez à cette question : Votre relation est-elle simplement difficile, ou est-elle toxique ? Le plus tôt vous répondrez, le mieux ce sera. Sinon, il pourrait être trop tard pour réparer une relation qui pourrait s'épanouir en quelque chose de bien, ou trop tard pour fuir une relation captive. C'est à vous de décider si vous voulez rester coincé dans une relation sombre toute votre vie, ou si vous voulez profiter des leçons que j'enseigne dans ce livre pour construire des relations saines.

Si vous choisissez la seconde, vous connaîtrez le bonheur et la liberté authentiques qui vous attendent.

Vous appréciez ce livre jusqu'à présent ? N'oubliez pas de vous rendre au bas de ce livre pour découvrir une ressource gratuite de taille réduite, mais précieuse, sur l'hypnose conversationnelle. Ce mini-livre électronique est le moyen le plus simple d'apprendre à devenir un hypnotiseur conversationnel efficace. Vous êtes curieux de voir les bénéfices que cela peut apporter à vos conversations quotidiennes ? Obtenez votre exemplaire dès maintenant ! Cette ressource gratuite n'est disponible que pour une durée limitée.

Chantage émotionnel en noir et blanc

Qu'est-ce que le chantage affectif ?

Par définition, le chantage affectif est un acte visant à contrôler la personne avec laquelle vous avez un lien affectif. Ce contrôle se fait en utilisant des tactiques qui la font se sentir coupable ou contrariée. En termes simples, lorsqu'une personne utilise vos sentiments (de manière négative ou contre vous) pour contrôler votre comportement ou obtenir ce qu'elle veut, on parle de chantage affectif. Vous pouvez faire l'objet d'un chantage affectif de la part de votre conjoint, de vos parents, de vos enfants, de vos frères et sœurs, de vos amis, de vos collègues ou de toute autre personne proche de vous sans vous rendre compte que vous êtes manipulé.

Mais pourquoi est-ce que j'utilise le terme "chantage affectif" et pas simplement "chantage" ? C'est parce que les deux sont différents.

Chantage ou chantage émotionnel

Qu'est-ce qui vous vient à l'esprit quand vous pensez au chantage ?

Probablement, un film où le méchant fait chanter le héros ou un employé qui fait chanter son patron pour obtenir des choses en sa faveur.

OU

Vous pouvez observer des exemples de chantage dans votre vie quotidienne. Un écolier menace son camarade de classe de le frapper si celui-ci se plaint de lui. Un collègue de travail connaît des informations privées sur son collègue et menace de les révéler en échange d'une petite somme.

Pour résumer, le chantage est généralement associé à des activités criminelles, ou au fait de persuader par la force quelqu'un de donner quelque chose, ou de suivre la voie du maître chanteur, en échange de la non-divulgation d'informations qui pourraient être nuisibles ou compromettantes sur cette personne.

Oui, vous comprenez l'idée de chantage, mais qu'en est-il du concept de chantage émotionnel ? Le comprenez-vous aussi bien que le chantage ? Êtes-vous capable de dire quand cela vous arrive ?

Je vous pose cette question parce qu'il est important de saisir la signification du chantage affectif, de comprendre sa pertinence dans les relations interpersonnelles et dans la société. Comprendre la méthode est aussi la première étape pour éliminer son efficacité, son pouvoir sur vous.

Comme défini précédemment, un maître chanteur affectif utilise vos sentiments contre vous ; pour contrôler votre comportement comme il le souhaite ou pour atteindre son objectif. La menace ici n'est donc pas tangible. Vos sentiments sont utilisés contre vous dans le cadre du chantage affectif.

Clarifions les choses à l'aide de quelques exemples.

Le mari est surpris en train de tromper sa femme, mais il déforme les circonstances, faisant en sorte que sa femme se sente coupable et inadéquate. Il utilise le drame pour la faire chanter émotionnellement, et la faire se sentir désolée d'avoir douté de son mari.

Cette situation est courante dans le monde de l'entreprise. Lorsqu'une personne gravit l'échelle du succès plus haut que l'autre, même si elle le mérite, elle fait l'objet d'un chantage émotionnel pour avoir atteint un tel niveau. Cela peut priver cette personne de joie, de fierté et d'estime de soi.

L'un des partenaires s'inscrit à un programme de remise en forme et réussit à atteindre ses objectifs. L'autre partenaire peut lui faire du chantage affectif et le faire se sentir coupable de ne pas passer de temps avec lui.

Stratégies de chantage émotionnel

Le maître chanteur utilise contre vous trois émotions principales : la peur, l'obligation et la culpabilité, désignées par l'acronyme FOG de Susan Forward, l'une des principales psychothérapeutes américaines. Pour qu'un maître chanteur réussisse, il doit connaître vos peurs, celles qui sont profondément ancrées, comme la peur de l'isolement, de l'humiliation ou de l'échec. Le plus intéressant, c'est que ces peurs peuvent vous être propres. Personne d'autre que vous ne les perçoit comme une menace de la part du maître-chanteur. Cela donne une chance au maître chanteur de vous menacer, de vous isoler, de vous ridiculiser devant les autres ou d'exposer votre échec passé si vous ne succombez pas à ses désirs.

L'obligation est une autre tactique favorite utilisée par ces dépendants. Ils justifient leur dépendance en rejetant la faute sur les autres. Au lieu d'assumer la responsabilité de leur mauvais comportement, ils la projettent sur les autres. Par exemple, un buveur invétéré peut menacer sa femme en disant : "Si tu me vires de la maison, je serai obligé de boire davantage". L'épouse innocente croit et espère que son mari arrêtera de boire si elle lui obéit, mais ce n'est qu'un piège dans lequel elle tombe.

Le chantage à la culpabilité est utilisé par les maîtres chanteurs pour faire en sorte que leur cible se sente coupable d'avoir causé un résultat négatif pour le maître chanteur. Le résultat final n'est peut-être même pas si négatif, mais le maître-chanteur le présente de manière à ce que la cible ressente de la douleur et de la culpabilité.

L'idée derrière l'utilisation de ces trois émotions pour contrôler une personne est qu'il s'agit d'émotions négatives, et que personne ne veut éprouver de tels sentiments dans sa vie. Par conséquent, les personnes cèdent aux exigences du maître chanteur pour éviter de ressentir ces sentiments négatifs.

Définition juridique du chantage affectif

Le chantage affectif est une forme de violence psychologique qui n'est pas légale. C'est parce que le maître chanteur peut :

- Menacez de mettre votre vie en danger.
- Menacer de se tuer si vous n'obéissez pas à ses souhaits.
- Vous contrôler en utilisant l'argent.
- Menacer de mettre fin à la relation avec vous.
- Vous manipuler de manière à ce que vous ressentiez de la compassion pour lui/elle.
- Vous faire sentir coupable.
- Vous démoraliser.
- Vous blesser ou vous faire souffrir sous une forme ou une autre.
- Vous priver d'amour, d'attention et d'appréciation.
- Vous faire sentir égoïste et inconsidéré.

Avec beaucoup de tact et d'habileté, le maître chanteur vous fait croire à ses exigences. Cependant, plus vous cédez, plus les menaces s'intensifient. La seule façon de s'en sortir est d'identifier que vous êtes victime de chantage affectif. Cela devient plus facile si vous connaissez les déclarations courantes utilisées par ces maîtres chanteurs émotionnels pour vous manipuler/menacer.

Voici quelques exemples :

- Si jamais je te vois avec cet homme, je le tue.
- Je vais me tuer si tu arrêtes de m'aimer.
- Mes amis et ma famille sont d'accord avec moi pour dire que tu es déraisonnable.
- Je vais partir en vacances, avec ou sans toi.
- Tu ne peux pas dire que tu m'aimes et rester ami avec eux.
- Tu m'empêches de dépenser de l'argent pour moi.

- J'étais en retard au travail à cause de toi. C'est de ta faute.
- Je ne serais pas en surpoids si tu me cuisinais des plats sains.
- C'est ta faute si je ne réussis pas dans ma carrière.
- Je finirai à l'hôpital ou dans la rue si vous ne vous occupez pas de moi.
- Si tu ne fais pas ça, tu ne reverras pas tes enfants.
- Je vais rendre ta vie misérable.
- Je vais détruire ta famille.
- Tu n'es plus mon fils/fille.
- Vous devrez en être désolé.
- Je te rayerai de mon testament.
- Je vais tomber malade si tu ne m'aimes pas.
- Si tu ne peux pas m'acheter ça, tu es une mère/papa/amant/mari sans valeur.

Vous avez maintenant compris ce qu'est le chantage affectif, mais il est également important de comprendre l'état d'esprit qui pousse les gens à utiliser ces stratégies.

Pourquoi les gens se comportent-ils ainsi ?

Les gens ont souvent recours au chantage affectif car il leur permet de contrôler les pensées et les sentiments des autres. Ils ne savent pas comment s'y prendre autrement et ont recours à la manipulation émotionnelle. Les maîtres chanteurs émotionnels sont très doués pour donner à leurs victimes un sentiment d'impuissance et de confusion. Ils pensent à tort qu'en faisant en sorte que les autres se sentent impuissants et vulnérables, ils se sentiront puissants et bien dans leur peau. En d'autres termes, le chantage affectif est leur façon de gérer leurs insécurités émotionnelles. Des insécurités qui peuvent provenir d'une enfance marquée par la violence émotionnelle.

Si vous vous penchez sur l'histoire de ces personnes, vous constaterez qu'elles ont souvent fait l'objet d'une manipulation émotionnelle dans leur enfance. Il est donc très difficile pour ces personnes de savoir ce qui est normal et ce qui ne l'est pas. Elles ne peuvent pas comprendre ce qu'est une relation saine et comment en construire une elles-mêmes. Ils ont été élevés en voyant le chantage émotionnel des parents et considèrent que c'est la bonne façon de faire les choses. Ils trouvent un remède à leurs insécurités en répétant eux-mêmes le cycle.

Les maîtres chanteurs affectifs partagent certains traits de personnalité communs :

1. Manque d'empathie

Il n'est généralement pas trop difficile pour nous de nous imaginer à la place de l'autre personne, de ressentir son agonie, sa douleur, et de faire preuve d'empathie à son égard. Mais ce n'est pas le cas des maîtres chanteurs affectifs. Ils ne peuvent pas avoir de réelle empathie avec les autres. Soit ils ne peuvent pas s'imaginer à la place de l'autre, soit, s'ils le font, c'est dans une position de méfiance. Ils pensent que l'autre personne va leur faire du mal et qu'ils ont donc raison de la manipuler.

2. Faible estime de soi

Une faible estime de soi ? En chantage affectif ? Êtes-vous sérieux ?

Ils sont capables de priver les autres de leur estime de soi par la manipulation émotionnelle. Alors comment peuvent-ils avoir une faible estime d'eux-mêmes ?

Je sais que cela semble un peu bizarre, mais c'est la vérité. Comme nous l'avons expliqué précédemment, les maîtres chanteurs affectifs manquent souvent d'assurance sur le plan émotionnel et ont une faible estime d'eux-mêmes. Au lieu de trouver des moyens d'améliorer leur estime de soi, ils croient qu'il faut abaisser celle des autres pour se sentir bien. Une faible estime de soi signifie également que ces personnes ont du mal à nouer des relations étroites. Elles n'ont peut-être qu'une seule relation proche et attendent d'elle qu'elle leur apporte tout ce qui leur manque ailleurs. C'est leur dépendance à l'égard d'une relation, et si elles sentent qu'elles vont la perdre, elles ont recours à un chantage affectif plus intense.

3. Tendance à blâmer les autres

Les maîtres chanteurs affectifs n'assument jamais la responsabilité des problèmes dans leur relation ou d'un échec dans leur carrière. Ils rendent toujours les autres responsables de leur douleur et de leur souffrance. Cette logique leur permet de se sentir justifiés de menacer les autres pour obtenir ce qu'ils veulent.

Résumé du chapitre

1. Le chantage affectif est une forme d'abus où le maître chanteur tente de contrôler les sentiments et le comportement de l'autre personne.
2. Le maître chanteur utilise la peur, l'obligation et la culpabilité pour manipuler la victime.
3. Ces personnes manquent d'estime de soi et d'empathie et rendent les autres responsables de leurs mauvaises relations.
4. Pour savoir si vous y êtes sujet dans votre relation, posez-vous ces questions :
5. Est-ce que mon partenaire dit ou fait des choses pour me faire sentir coupable d'actions qui ne sont pas mauvaises ?
6. Mon partenaire souligne-t-il les éléments négatifs liés à ma réussite ?
7. Mon partenaire cherche-t-il un moyen de faire baisser mon humeur ?
8. Mon partenaire me fait-il souvent ressentir de la peur, des obligations ou de la culpabilité ?

Si vous répondez "oui" à ces questions, vous êtes certainement victime de chantage affectif.

Dans le prochain chapitre, vous apprendrez....

- Six étapes progressives dans le chantage émotionnel.
- Types courants de maîtres chanteurs émotionnels.

- Signes d'alerte et caractéristiques du maître-chanteur émotionnel.
- Personnalités de maîtres chanteurs.
- Principales caractéristiques et émotions des victimes.
- Comment changer la dynamique de la transaction entre le maître-chanteur et la victime.

CHAPITRE DEUX :

Le maître chanteur et la transaction de la victime

Les connaissances acquises jusqu'à présent vous ont-elles permis de vous sentir plus fort ? Vous devez l'être, car il vous est désormais facile d'identifier les cas de chantage affectif dans votre vie. Cependant, il y a une idée fausse que les gens se font de cette situation. Ils ont tendance à qualifier toute personne qui tente de les contrôler de maître chanteur. Mais le bon sens nous dit que ce n'est pas vrai.

Si la personne veut être aimée, valorisée, soutenue ou appréciée par vous, elle peut agir de manière contrôlante. Et ses désirs sont absolument légitimes. Sachez également que dans toute relation, vous aurez des exigences, sinon tout le temps, du moins parfois.

Et il est très courant de ne pas être d'accord avec les demandes de quelqu'un au début, puis de parvenir à un accord mutuel, ou de se conformer aux souhaits de l'autre personne même si vous n'aimez pas cela. Mais vous pouvez le faire pour l'amour de votre relation et de l'autre personne.

Le problème ne réside pas dans ses *"désirs"*, mais dans la manière dont il s'y prend pour obtenir ce qu'il veut. Est-ce qu'il vous menace ou devient insensible à vos besoins en le faisant ? Alors, vous pouvez dire à juste titre qu'il s'agit d'un cas de chantage affectif, sinon non.

Comprenons cela à l'aide d'un exemple !

Ahana veut un iPhone de sa mère, mais celle-ci refuse. Ahana peut essayer de l'obtenir de deux façons. Elle peut persuader sa mère en disant

: "Mais la mère de Sara lui a acheté un iPhone". Ce n'est clairement pas un chantage émotionnel. Mais si elle prend un couteau et menace de se tuer si sa mère ne lui achète pas un iPhone, nous sommes dans une situation très différente, et il s'agit sans aucun doute d'un chantage affectif. Le problème ici n'est donc pas l'iPhone, mais la méthode utilisée pour tenter de l'obtenir. C'est cela qui nous permet d'analyser s'il s'agit d'un chantage affectif ou non.

En outre, s'il arrive toujours que quelqu'un cède aux exigences de l'autre, on en arrive à une situation de chantage affectif.

Un chantage affectif est parfois une transaction, peut-être même inconsciente, entre le maître-chanteur et la victime. Le maître chanteur est le *"contrôleur"* qui souffre d'un état psychologique dysfonctionnel et qui tente de contrôler les émotions d'une autre personne. La victime est le *"contrôlé"* qui fournit une réaction rassurante à cet état psychologique.

Cette opération comporte 6 parties, détaillées ci-dessous.

6 étapes progressives du chantage émotionnel

Susan Forward et Frazier identifient ces six étapes du chantage émotionnel :

Étape 1 : La demande

Le maître chanteur dit à la victime (c'est-à-dire vous) ce qu'il veut et y ajoute une menace émotionnelle. "Si tu ne fais pas ça, je vais me tuer."

Étape 2 : Résistance

Bien sûr, vous pouvez très bien refuser de vous plier aux exigences du maître-chanteur. Donc, dans un premier temps, vous résistez à la demande.

Étape 3 : Pression

Le maître chanteur ne peut pas accepter un "non". Il fait donc pression sur vous pour que vous cédiez. Il ne se soucie pas de ce que vous ressentez. Il ne se préoccupe que de ce qu'il veut et essaie de l'obtenir par tous les moyens. En conséquence, ils essaient délibérément de vous faire sentir effrayé et confus en utilisant n'importe laquelle de leurs stratégies secrètes. Vous commencez à vous demander si votre résistance initiale était raisonnable. C'est là que vous devenez faible et qu'ils s'accrochent à votre faiblesse.

Étape 4 : Une menace

Une menace, c'est le chantage émotionnel lui-même avec une déclaration : "Si tu ne fais pas ce que je dis, alors je vais...".

Étape 5 : Conformité

Vous cédez à la menace du maître chanteur, même si cela ne vous fait pas plaisir.

Étape 6 : Définition d'un modèle

Le chantage émotionnel est terminé, mais seulement pour le moment. Attendez-vous à une demande plus lourde et à une menace beaucoup plus grande la prochaine fois. En effet, le maître chanteur a identifié votre point faible et il sait qu'il peut l'utiliser contre vous pour obtenir ce qu'il veut.

L'exemple le plus courant de ces étapes du chantage affectif pourrait même être votre enfant. Combien de fois avez-vous reçu une demande déraisonnable de votre fils/fille ? Je suis sûr que c'est innombrable. Vous résistez au début, vous pouvez même gronder votre enfant, mais vous finissez par céder parce que votre enfant vous menace en disant : "Maman/Papa, tu ne m'aimes pas. Sinon, tu m'aurais acheté ça".

Résultat : Vous fondez comme du beurre et répondez aux demandes sans hésiter.

Voyez-vous ce que votre enfant a fait ici ? Ils ont senti qu'en vous menaçant à plusieurs reprises avec de telles déclarations, vous obéiriez à leurs ordres et obtiendriez ce qu'ils veulent. En bref, ils conçoivent un moyen facile de vous manipuler émotionnellement et d'obtenir ce qu'ils veulent.

Types courants de chantage émotionnel et leur langage

Nous pouvons classer les maîtres chanteurs émotionnels en quatre types différents :

1. Punisseurs

Les punisseurs menacent de blesser directement la personne qu'ils font chanter. Ils utilisent la stratégie de la peur pour vous punir si leurs exigences ne sont pas satisfaites. La punition peut être physique, financière, vous empêcher de voir vos amis, vous retirer son affection ou mettre fin à sa relation avec vous si vous ne faites pas ce qu'il dit.

Une remarque typique pourrait être : "Fais ce que je dis ou je te bats."

2. Les auto-punisseurs

Les autopunisseurs menacent de se faire du mal en guise de chantage et vous font porter le chapeau. Ils vous tiennent pour responsable de ce qu'ils s'infligent à eux-mêmes. Ils agissent ainsi pour déclencher en vous la peur et la culpabilité et vous obliger à faire ce qu'ils demandent.

Par exemple, "Si tu ne m'achètes pas ce cadeau, je vais me tuer."

3. Souffrants

Les personnes souffrantes ne vous menacent pas directement, mais montrent qu'elles sont tristes ou perturbées à cause de vous. Il vous rend responsable de son état émotionnel et attend de vous que vous vous pliez à ses désirs pour qu'il se sente mieux. Les personnes souffrantes utilisent les tactiques de la peur, de l'obligation et de la culpabilité pour vous manipuler.

Par exemple, un mari dit à sa femme : "Tu peux sortir avec tes amis si tu veux, mais je me sentirai triste et seul si tu le fais".

4. Tantalizers

Les tentateurs ne profèrent pas non plus de menaces directes, mais ils vous attirent avec la promesse de quelque chose de mieux si vous faites ce qu'ils veulent. Votre conjoint peut vous dire : "Je t'achèterai ce collier si tu restes avec moi à la maison ce week-end". Cependant, il tient rarement sa promesse.

Signes d'alerte et caractéristiques d'un maître-chanteur affectif

Voici les signes avant-coureurs du chantage affectif dans une relation :

- Si vous vous excusez fréquemment pour des choses que vous ne faites pas, comme l'état émotionnel négatif de l'autre personne ou ses emportements.
- Si votre partenaire insiste sur sa façon de faire et celle de personne d'autre, même au détriment des besoins et des émotions des autres.
- Il semble que vous soyez le seul à vous conformer et à faire des sacrifices.
- Si vous vous sentez menacé. Si vous vous sentez intimidé pour obéir aux exigences de l'autre personne.

Comme nous l'avons dit, le chantage affectif est un cercle vicieux, et en tant que victime, vous pouvez être enclin à vous excuser, à plaider, à pleurer et à céder aux exigences des autres. Mais vous aurez du mal à défendre vos besoins, à aborder directement le problème ou à communiquer avec le maître chanteur au sujet de son attitude inappropriée. Vous n'êtes pas en mesure de fixer des limites claires pour aider les autres à savoir ce qui est acceptable pour vous et ce qui ne l'est pas.

Tout cela se produit parce que vous ne connaissez pas les caractéristiques des maîtres chanteurs affectifs. À moins que vous ne le soyez, vous ne pouvez pas repérer si l'autre personne vous manipule ou non.

Toute personne pratiquant le chantage affectif présente les caractéristiques suivantes :

- Insiste sur le fait que vous êtes fou ou déraisonnable en remettant en question ses exigences.
- Il essaie de contrôler ce que vous faites.
- Ignore vos préoccupations.
- Il évite d'assumer la responsabilité de ses actes.
- Reproche toujours aux autres leur comportement.
- Vous donne des excuses vides.
- Utilise la peur, l'obligation, les menaces et la culpabilité pour arriver à ses fins.
- Pas prêt à faire des compromis.
- Justifie leurs comportements et demandes déraisonnables.
- Ils vous intimident jusqu'à ce que vous obéissiez à leurs demandes.
- Il vous reproche quelque chose que vous n'avez pas fait pour mériter votre compassion.
- Menace de vous faire du mal ou de se faire du mal.

Personnalités du maître-chanteur

Il n'existe pas de prototype exact des maîtres chanteurs affectifs, mais ils présentent certaines caractéristiques communes.

Ces personnes ont souvent des tendances narcissiques ou un sens exagéré de leur propre importance. Elles pensent être les meilleures en tout et s'en vantent. Tout dans leur vie est centré sur elles-mêmes, et si cela est menacé, elles sont sujettes à une colère, une frustration, une panique ou une dépression extrêmes. Les maîtres chanteurs font souvent preuve d'immaturité émotionnelle ; ils ne sont pas en contact avec leurs sentiments ou ne savent pas exactement ce qu'ils ressentent. Il est probable qu'il s'agisse de personnes qui ont été victimes de chantage affectif dans leur jeunesse et qui ont constaté que c'était une tactique efficace.

Les maîtres chanteurs ont tendance à vouloir l'approbation des autres, souvent en raison d'une faible estime de soi. Ils créent une scène à partir de chaque petit problème. Bien qu'ils soient très critiques envers les autres, ils ne peuvent généralement pas accepter les conseils ou les critiques.

Certains de ces traits sont facilement visibles, tandis que d'autres, comme les insécurités émotionnelles, la peur et la douleur, peuvent être profondément ancrés dans leur psychologie.

Le monde intérieur du maître-chanteur

Les maîtres chanteurs émotionnels sont des lâches au sens propre du terme. Ils détestent perdre et ne supportent pas la frustration. Leur frustration est liée à des peurs profondément ancrées de perte et de privation, et ils la vivent comme un avertissement les incitant à agir immédiatement pour éviter de subir des conséquences intolérables.

Ces personnes pensent pouvoir compenser les frustrations du passé en changeant leur présent. Les possibilités de chantage affectif augmentent considérablement lors de crises telles qu'une séparation ou un divorce, la perte d'un emploi, une maladie, un départ à la retraite, etc.

Ce n'est pas la crise qui en fait des maîtres chanteurs émotionnels, mais plutôt leur incapacité à gérer de tels problèmes. Souvent, vous observerez que les personnes incapables de traiter ces problèmes dans leur vie ont été soit surprotégées, soit ont tout eu dans leur enfance. Elles n'ont donc eu que peu d'occasions de développer leur confiance en elles et leur capacité à gérer toute sorte de perte. Au premier signe de privation ou de perte, elles se mettent en colère ou paniquent, et ont recours au chantage pour éviter de ressentir ce sentiment.

En général, les maîtres chanteurs se concentrent inconditionnelle-ment sur leurs désirs et leurs besoins. Ils s'intéressent moins aux autres personnes, ou à la façon dont leur pression vous affecte. Pour eux, chaque interaction avec vous est un schéma de relation qui passe ou qui casse. Si vous acceptez ce qu'ils veulent, ils resteront ou se retireront de la relation.

Les maîtres chanteurs savent ce que la relation représente pour vous et son importance. Par conséquent, ils utilisent des tactiques pour créer une rupture potentielle dans la relation. Ils savent et réalisent que vous ne laisserez pas tomber votre relation. Cela vous rend vulnérable à leur manipulation.

La plupart des maîtres chanteurs ont une attitude "je veux ce que je veux quand je le veux". Et l'urgence d'obtenir ce qu'ils désirent les em-pêche de voir les conséquences de leurs actes.

L'élément le plus marquant de la psyché d'un maître-chanteur est qu'il donne l'impression que tout tourne autour de vous. En fait, il parle de manière à vous donner l'impression que tout tourne autour de vous, mais en réalité, il ne s'agit pas du tout de vous. Il s'agit uniquement du maître chanteur et de ses désirs. Le chantage provient d'endroits peu sûrs de l'individu qui le pratique. La plupart du temps, il est lié au passé du maître-chanteur, plutôt qu'à son présent. Il est lié aux besoins du maître-chanteur, plutôt qu'à ce que le maître-chanteur dit de ce que vous faites.

Il faut être deux pour faire du chantage

Tout comme il faut être deux pour danser le tango, il faut être deux pour que le chantage réussisse, ou même se produise. Le maître-chanteur seul ne peut rien faire sans la participation active de la victime. Si vous ne donnez pas l'autorisation de faire du chantage, il ne peut pas se pro-duire.

Parfois, vous êtes conscient du problème, mais vous ne pouvez pas y résister parce que la pression du maître-chanteur déclenche une série de réponses programmées dans votre esprit, et vous agissez par impulsion. Par exemple, si le maître-chanteur menace de se tuer si vous n'obéissez pas à ses ordres, cela ne laisse pas beaucoup de place à la discussion. Vous êtes immédiatement saisi par la peur de perdre cette personne. Vous êtes enclin à céder, de peur qu'il ne fasse ce geste suicidaire. Ainsi, le maître chanteur ne vous a même pas laissé un espace pour réfléchir ou penser. Vous êtes obligé de réagir de manière impulsive.

Les maîtres chanteurs connaissent vos boutons "sensibles". Dès que vous résistez, la peur de la privation du maître-chanteur entre en jeu et il utilise vos boutons sensibles pour vous faire changer d'avis et obtenir ce qu'il veut.

Alors pourquoi ne pouvez-vous pas résister ? Pourquoi jouez-vous le rôle de victime dans les combines des autres ? C'est à cause des caractéristiques qui vous rendent vulnérable.

Principales caractéristiques et émotions des victimes

Non seulement les maîtres chanteurs, mais aussi les victimes du chantage affectif, se sentent peu sûrs d'eux, dévalorisés et dévalorisés. Elles doutent d'elles-mêmes à un degré préjudiciable.

Les victimes de chantage affectif présentent des traits communs qui les rendent vulnérables. Elles recherchent en permanence l'approbation des autres. Elles ont peur de la colère et souhaitent la paix à tout prix. Elles font souvent preuve d'une compassion et d'une empathie excessives. Les victimes de chantage aiment prendre sur elles la responsabilité de la vie des autres. Elles doutent beaucoup d'elles-mêmes et ont peur d'être abandonnées dans toute relation qu'elles entreprennent. Elles personnalisent les choses et ont généralement une faible estime d'elles-mêmes.

Lorsque vous présentez ces traits de manière répétée ou extrême, vous êtes condamné à devenir la "cible privilégiée" d'un maître chanteur affectif. Les maîtres chanteurs affectifs s'inspirent de la façon dont vous réagissez aux situations quotidiennes ou à leur comportement, et les utilisent contre vous.

L'impact du chantage affectif

Ces relations peuvent ou non mettre la vie en danger, mais elles privent la victime de son intégrité personnelle. Les victimes commencent à remettre en question leur sens de la réalité. Les effets du chantage affectif sur les victimes peuvent être considérés comme suit :

- Faible estime de soi.
- avoir une mauvaise opinion d'eux-mêmes ou croire qu'ils n'ont aucune valeur.
- Pensée déformée sur eux-mêmes.
- Cycle vicieux de chantage et de manque de confiance.
- La victime peut même trahir d'autres personnes pour plaire au maître-chanteur.
- Se sentir isolé et seul.
- Méfiance dans les relations.
- Anxiété et dépression.

Comment changer la dynamique ?

Après avoir pris connaissance des caractéristiques du maître chanteur, et des vôtres, qui vous rendent sensible au chantage affectif, il est temps de passer à l'action. De déterminer comment vous pouvez changer cette dynamique et cesser d'être traité de cette manière.

Que faut-il faire pour mettre fin au chantage affectif ?

Vous devez commencer à regarder la situation d'une nouvelle façon. Il est crucial de se détacher des émotions du maître-chanteur. Se détacher ne signifie pas devenir insensible, mais ne vous laissez pas perturber par ses émotions. Vous devez réaliser que vous êtes traité d'une manière qui n'est pas appropriée. Une fois que vous avez compris cela, engagez-vous à prendre soin de vous ; ne permettez pas à ce traitement abusif de se poursuivre. Réfléchissez aux demandes qui vous sont faites et à la façon dont elles vous mettent mal à l'aise.

Ne soyez pas tenté de céder à la pression du maître chanteur. Fixez vos limites. Prenez le temps de considérer la situation sous tous les angles et réfléchissez aux alternatives avant de prendre une décision. Ayez une vision claire de ce que vous espérez obtenir en changeant votre état d'esprit et votre façon de gérer la relation.

Respectez d'abord vos propres besoins.

Comment répondre aux maîtres chanteurs émotionnels ?

Une fois que vous avez changé votre état d'esprit pour aborder le maître chanteur différemment, il est temps d'apprendre les réponses spécifiques à ses déclarations de chantage. Cependant, le résultat ne sera pas là du premier coup. Vous devez vous entraîner à dire ces réponses jusqu'à ce qu'elles vous paraissent naturelles. Les maîtres-chanteurs vous bombarderont de visions des conséquences extrêmement négatives de ne pas leur obéir. Ils essaieront de faire pression sur vous pour que vous changiez votre décision. Mais tenez bon.

Vous trouverez ci-dessous les moyens spécifiques de répondre à leurs déclarations catastrophiques :

1. Ils disent : Je vais finir à l'hôpital si vous ne vous occupez pas de moi.
   Vous dites : C'est votre choix !
2. On dit : Vous ne reverrez pas vos enfants.
   Tu dis : J'espère que vous ne ferez pas ça, mais j'ai pris ma décision.
3. Ils disent : Tu n'es plus mon enfant, je vais te couper de ma volonté, je vais te faire souffrir, tu vas le regretter.
   Tu dis : Je sais que tu es en colère/en colère en ce moment. Pourquoi ne reparlerions-nous pas de ce sujet lorsque tu seras

moins contrariée ? Les menaces/les souffrances/les larmes ne fonctionneront plus.

4. Ils disent : Tu es égoïste.

Vous dites : Vous avez droit à votre opinion.

5. Ils disent : Comment pouvez-vous me faire ça après tout ce que j'ai fait pour vous ?

Vous dites : Je sais que ça ne va pas te faire plaisir, mais il doit en être ainsi.

6. Ils disent : Pourquoi gâches-tu ma vie ?

Vous dites : Il n'y a pas de méchants ici. Nous voulons juste des choses différentes.

7. Ils disent : Pourquoi tu te comportes comme ça ?

Vous dites : Je sais que vous êtes déçu par cette situation, mais ce n'est pas négociable.

Susan Forward propose trois tactiques - un contrat, une déclaration de pouvoir et une série de phrases d'affirmation de soi pour mettre fin au chantage affectif.

Contrat

Un contrat est une liste de promesses que vous allez vous faire à vous-même pour ne plus être victime de chantage affectif. Prenez le temps, chaque jour, de vous lire le contrat à haute voix.

Exemples de promesses :

Je me promets de ne plus laisser la peur, l'obligation et la culpabilité contrôler mes décisions.

Je promets d'apprendre et d'appliquer les stratégies contenues dans ce livre pour ne plus subir de chantage émotionnel.

Déclaration de puissance

Créez votre déclaration de pouvoir en réponse à celle du maître chanteur, et répétez-la sans cesse lorsque le manipulateur vous menace. Par exemple, "Je ne ferai pas ça" ou "Je ne ferai pas ça". Les déclarations fortes sont succinctes et ont un impact. Elles remettent en question vos doutes et vos croyances limitatives quant à votre capacité à gérer de telles personnes.

Phrases d'affirmation de soi

En cédant aux exigences du maître-chanteur, vous pouvez ressentir de la culpabilité, de la gêne, de la douleur, de la peur, de la honte, de l'anxiété, de la colère, du ressentiment, de l'impuissance, du désespoir, etc. La seule façon d'arrêter de ressentir ces émotions négatives est de commencer à changer vos pensées. La seule façon d'arrêter de ressentir ces émotions négatives est de commencer à changer vos pensées. Développez des schémas de pensée d'affirmation de soi à répéter chaque fois que des pensées négatives vous assaillent. Posez-vous la question suivante Est-ce que la demande que l'on me fait me met mal à l'aise ? Pourquoi ? Quelle partie de la demande est acceptable et quelle partie ne l'est pas ? Si j'obtempère, quelles seront les conséquences ?

Pensez toujours à SOS avant de répondre à une demande :

STOP - prenez le temps d'y réfléchir.
OBSERVEZ - vos réactions, vos pensées, vos émotions et vos déclencheurs.
STRATÉGIE - analysez les demandes et l'impact potentiel de la mise en conformité. Examinez ce dont vous avez besoin et étudiez les autres options possibles.

Comme les maîtres chanteurs sont très défensifs, ils peuvent commenter vos phrases et souvent aggraver les conflits. Essayez de rester à l'écart de ces déclarations et de vous en tenir à une communication non défensive, par exemple :

- Je peux voir que vous êtes bouleversé.
- Je comprends que vous soyez frustré.
- Je suis désolé que tu sois en colère.
- Je peux comprendre que vous le voyiez de cette façon.
- Parlons-en quand vous serez plus calme.

Gérer les maîtres chanteurs silencieux

Il est facile de répondre aux maîtres chanteurs qui profèrent des menaces ouvertes ou font du chantage verbal, mais qu'en est-il de ceux qui boudent en silence ? Que pouvez-vous dire ou faire lorsqu'ils ne disent rien ? Ce traitement silencieux est bien plus subtil qu'une attaque ouverte. Parfois, on a l'impression que rien ne fonctionne avec un maître chanteur silencieux. Cependant, si vous vous en tenez aux principes de la communication non défensive et que vous suivez les conseils suivants, vous pouvez également vous attaquer à un maître-chanteur silencieux.

A faire

N'oubliez pas que le maître chanteur auquel vous avez affaire est inadéquat, impuissant et qu'il a peur que vous le blessiez ou l'abandonniez.

Confrontez-les lorsqu'ils se sentent plus prêts à entendre ce que vous avez à dire. Envisagez de leur écrire une lettre.

Rassurez-les en leur disant que vous écouterez leurs sentiments sans riposter.

Faites preuve de tact et de diplomatie. Cela leur assure que vous n'exploiterez pas leurs vulnérabilités.

Dites des choses rassurantes comme "Je sais que tu es en colère en ce moment, et je serai prêt à en discuter avec toi dès que tu seras prêt à en parler", puis laissez-le tranquille. Si vous ne le faites pas, vous ne ferez que l'inciter à se retirer davantage.

Dites-lui ouvertement que son comportement vous dérange, mais commencez par lui exprimer votre reconnaissance. Par exemple : "Maman, je tiens vraiment à toi, et je pense que tu es l'une des personnes les plus intelligentes que je connaisse, mais cela me dérange vraiment quand tu te tais chaque fois que nous ne sommes pas d'accord sur quelque chose et que tu t'en vas. Cela nuit à notre relation, et je me demande si tu pourrais m'en parler."

Ne vous laissez pas détourner du sujet qui vous préoccupe. Restez concentré.

Attendez-vous à être attaqué lorsque vous exprimez un grief. Le maître-chanteur ressentira votre affirmation comme une attaque à son encontre.

Faites-leur savoir que vous savez qu'ils sont en colère et ce que vous pouvez faire pour y remédier.

Acceptez le fait que vous devrez faire le premier pas la plupart du temps.

Laissez passer certaines choses.

A ne pas faire

Attendez d'eux qu'ils fassent le premier pas vers la résolution du conflit.

Suppliez-les de vous dire ce qui ne va pas.

Continuez à leur demander une réponse (ce qui ne fera que les inciter à se retirer davantage).

Critiquer, analyser ou interpréter leurs motivations, leur caractère ou leur incapacité à être direct.

Acceptez volontairement de les blâmer pour ce qui les contrarie afin de les mettre de meilleure humeur.

Permettez-leur de changer le sujet de la discussion.

Se laisser intimider par la tension et la colère dans l'air.

Laissez votre frustration vous pousser à faire des menaces que vous ne pensez pas (par exemple, "Si tu ne me dis pas ce qui ne va pas, je ne te parlerai plus jamais").

Partez du principe que s'ils finissent par s'excuser, cela sera suivi d'un changement significatif de leur comportement.

Attendez-vous à des changements majeurs de personnalité, même s'ils reconnaissent ce qu'ils font et sont prêts à y travailler.

Le chantage affectif est une forme douloureuse et dysfonctionnelle d'abus qui peut vous déchirer. Vous pouvez vous sentir coincé dans une relation toxique avec un tel agresseur. Mais si vous tenez bon et utilisez les tactiques ci-dessus pour répondre à ses menaces, cela vous aidera à arrêter et à prévenir le chantage affectif dans vos relations.

Résumé du chapitre

1. Toute personne qui vous demande quelque chose dans une relation n'est pas un maître chanteur.
2. Ce ne sont pas les exigences qui font d'une personne un maître chanteur affectif, mais plutôt la façon dont elle s'y prend pour satisfaire ces exigences.
3. Un chantage affectif est une transaction entre le maître chanteur et la victime. Le maître chanteur est le "*contrôleur*" des émotions de la victime.
4. Le chantage affectif commence par une demande du maître-chanteur à laquelle la victime résiste. Toutefois, la résistance est de courte durée car le maître chanteur menace et fait pression sur la victime pour qu'elle se conforme à ses souhaits en utilisant les tactiques de la peur, de l'obligation et de la culpabilité. Cela crée un modèle de pression répétée sur la victime.
5. Les maîtres chanteurs émotionnels peuvent être classés en quatre catégories : les punisseurs qui menacent de faire du mal à la victime, les autopunisseurs qui menacent de se faire du mal, les souffrants qui rendent la victime responsable de leur mauvais

état émotionnel et les tentateurs qui attirent la victime avec de fausses promesses.

6. Tous les maîtres chanteurs affectifs présentent des caractéristiques communes : tendance narcissique, faible estime de soi, peur de perdre et d'être abandonné, colère profonde, panique, frustration et dépression, immaturité émotionnelle et absence de responsabilité.

7. Le chantage émotionnel ne peut avoir lieu que si la cible préférée du maître chanteur accepte la menace et cède.

8. Certains traits de caractère vous rendent sensible au chantage affectif exercé par les autres : faible estime de soi, recherche de l'approbation des autres, extrême compassion, pitié extrême pour les autres, peur de l'isolement et prise de la responsabilité des autres sur vos épaules.

9. Le chantage affectif peut mettre la vie de la victime en danger ou la tourmenter mentalement et émotionnellement.

10. La seule façon de ne plus être victime de chantage affectif est de changer votre état d'esprit et votre approche du maître-chanteur. Le fait de fixer des limites claires et d'utiliser une communication non défensive permet de gérer le chantage affectif avec succès.

Dans le prochain chapitre, vous apprendrez....

- Le FOG - Les tactiques utilisées par les maîtres chanteurs émotionnels.
- Projection du chantage émotionnel : blâme, culpabilité et honte.
- Les outils émotionnels des maîtres chanteurs.

CHAPITRE TROIS :

Les tactiques de base du chantage

Après avoir pris connaissance des caractéristiques des maîtres chanteurs affectifs et de vos tendances qui vous rendent vulnérable à la manipulation, il est temps de se plonger dans les tactiques utilisées par ces maîtres chanteurs.

Savez-vous qui a popularisé le terme "chantage émotionnel" ?

Les thérapeutes et psychologues de premier plan, Susan Forward et Donna Frazier. Elles ont également introduit le concept de peur, d'obligation et de culpabilité, ou le FOG. Apprenons-en davantage sur ce FOG !

Le FOG

Le FOG est la technique que les maîtres chanteurs émotionnels utilisent et sur laquelle ils comptent pour réussir. En effet, leurs victimes ont peur d'eux, se sentent obligées envers eux ou coupables de ne pas faire ce qu'ils leur demandent. Le maître-chanteur connaît les sentiments de ses victimes et s'empare rapidement de leurs déclencheurs émotionnels pour permettre à son chantage de fonctionner. Le FOG représente la combinaison de trois stratégies que les manipulateurs utilisent pour faire chanter leurs victimes. Ils peuvent utiliser l'une ou l'autre, ou les trois, à moins que la victime ne succombe à leurs exigences. Il s'agit de la peur, de l'obligation et de la culpabilité.

Le fait de connaître les tactiques utilisées par les maîtres chanteurs affectifs vous aidera à ne pas vous comporter comme ils le souhaitent. Cela vous aidera à échapper à la manipulation et à l'exploitation aux mains d'une telle personne.

Les trois techniques utilisées par les maîtres chanteurs sont :

Ils utilisent vos peurs (F)

C'est quoi la peur ?

C'est une émotion, un sentiment que nous éprouvons lorsque nous anticipons que quelque chose de mauvais va se produire, comme la peur de perdre nos proches. Cependant, cette peur nous protège également du danger. Malheureusement, certaines personnes utilisent cette peur pour vous manipuler et vous faire accéder à leurs exigences. Pour vous faire du chantage émotionnel, les maîtres chanteurs utilisent différents types de peurs, telles que :

- La peur de l'inconnu.
- La peur de l'isolement.
- La peur de contrarier quelqu'un.
- La peur de la confrontation.
- La peur des situations délicates.
- La peur de votre sécurité physique.

Exemple : Le mari sait que sa femme a une liaison extraconjugale avec un autre homme. Il les a surpris ensemble en flagrant délit. Pourtant, il ne peut pas demander à sa femme d'arrêter de voir l'autre homme, car il **craint** que si elle le fait, elle ne le quitte.

Ils utilisent votre sens de l'obligation (O)

Une relation est un engagement. Vous êtes moralement lié à la personne avec laquelle vous êtes en relation. C'est votre obligation. Mais, lorsque cette même personne utilise ce sentiment d'obligation pour vous manipuler, pour appuyer sur vos déclencheurs émotionnels et vous forcer à vous conformer à ses souhaits, cela devient un chantage émotionnel.

Par exemple, votre partenaire peut faire pression sur vous et demander ce qu'il veut en vous rappelant toutes les choses qu'il a faites pour vous ou les sacrifices qu'il a consentis. Cela vous oblige à faire ce qu'il veut, même si cela ne vous plaît pas.

Ils vous font sentir coupable (G)

Si vous ne vous conformez pas aux exigences du maître-chanteur, même en utilisant votre sens de l'obligation, il utilisera sa prochaine tactique, à savoir la culpabilisation. Le maître-chanteur vous fera sentir coupable de ne pas avoir tenu vos promesses comme prévu. Il vous fera croire que vous méritez d'être puni. Par exemple, vous pouvez vous sentir coupable d'être heureux lorsque votre partenaire se sent déprimé(e) ; vous êtes victime d'un chantage émotionnel.

La technique du FOG réside dans l'obscurité. Elle découle des émotions et non d'une pensée logique de la part du maître chanteur.

Cependant, comme nous l'avons vu dans le dernier chapitre, il faut être deux pour faire du chantage. Si vous refusez d'être l'otage de la peur, de l'obligation et de la culpabilité utilisées par cette personne, si vous établissez des limites personnelles, si vous prenez soin de vous et si vous ne vous laissez pas aveugler par vos émotions, vous pouvez éviter d'être captivé par les exigences du maître-chanteur.

Une fois qu'il n'a pas réussi à vous captiver ou à vous manipuler, il est moins susceptible d'essayer à nouveau ces tactiques.

Qu'est-ce qui vous rend otage de la technique FOG du maître chanteur ?

Outre les caractéristiques qui font de vous une victime du chantage affectif, vous êtes la proie de la technique du FOG pour les raisons suivantes :

Le besoin de plaire aux gens - Vous finissez par céder au chantage affectif pour que l'autre personne ne soit pas en colère contre vous. Comme vous êtes vulnérable à ce stade, vous pensez que le traitement injustifié et sans amour que vous recevez est juste. Vous vous sentez coupable de mettre l'autre personne en colère.

Vous épuiser - Les compromis constants dans une relation, le fait de céder aux exigences d'une personne qui ne correspondent pas à vos propres besoins et désirs, peuvent vous épuiser. Cela vous rend plus sensible à la manipulation émotionnelle par la technique du FOG.

Peur de la colère et des représailles - La plupart des gens ont peur de la colère et des représailles des autres. Cette peur est un puissant moteur pour devenir une victime du chantage affectif.

Manipulation émotionnelle par les personnes souffrant de BPD

BPD est l'abréviation de borderline personality disorder. Il s'agit d'un trouble de la santé mentale qui a un impact sur la façon dont le patient pense et ressent les choses par rapport à lui-même et aux autres, provoquant des perturbations dans la vie quotidienne. Les personnes souffrant de cette maladie mentale ont des problèmes d'image de soi, des difficultés à gérer leurs émotions et leur comportement, et une peur intense de l'abandon. En bref, elles ne supportent pas d'être seules.

Les signes et les symptômes du BPD sont les suivants :

- Une peur intense de l'abandon, à tel point que la personne peut prendre des mesures extrêmes pour éviter une séparation réelle ou imaginaire.
- Avoir des relations intenses et instables. Par exemple, le patient peut idéaliser quelqu'un à un moment donné, puis croire soudainement que cette personne ne tient pas à lui.
- Les problèmes d'identité personnelle et le fait de se considérer comme mauvais ou comme si on n'existait pas du tout.
- Moments de paranoïa liés au stress et perte de contact avec la réalité.

- Comportement impulsif et risqué, comme les jeux d'argent, la conduite dangereuse, les dépenses effrénées, la boulimie, la toxicomanie ou le sabotage de la réussite en quittant soudainement un bon emploi ou en mettant fin à une relation positive.
- Menaces suicidaires, souvent en réponse à la peur de la séparation ou du rejet.
- De grandes variations d'humeur. Les humeurs peuvent fluctuer d'un bonheur intense à l'irritabilité en passant par la honte ou l'anxiété.
- Sentiments constants de vide.
- Une colère inappropriée et intense, comme perdre fréquemment son sang-froid, être sarcastique ou amer, ou avoir des bagarres physiques.

La lutte contre l'impulsivité et la peur de l'abandon amènent les personnes souffrant de TPL à recourir à la manipulation émotionnelle. Cependant, leur manipulation est un moyen de faire face à leurs angoisses et non un complot malveillant.

Comment faire face à la manipulation émotionnelle de votre proche atteint de BPD ?

Bien que votre proche ayant un BPD n'ait pas de mauvaises intentions à votre égard, le fait d'avoir affaire à lui peut créer beaucoup de douleur et de troubles émotionnels.

Randi Kreger, auteur et experte en matière de TPL, propose cinq étapes pour traiter avec un membre de votre famille ou un être cher atteint de TPL. Elle appelle son approche "Beyond the Blame System" (au-delà du système de blâme), qui est une manière empathique et rationnelle de faire face à la manipulation émotionnelle des personnes souffrant de BPD.

Les 5 étapes de son approche sont les suivantes :

1. Prendre soin de soi

La première étape consiste à demander du soutien à vos amis et aux membres de votre famille en qui vous avez confiance. Consultez également un thérapeute qualifié qui pourra vous guider sur la façon de traiter votre proche avec tact. N'oubliez pas de ne pas vous occuper de votre proche atteint de trouble borderline lorsque vous vous sentez fatigué, affamé, malade ou émotif. Prenez d'abord soin de vous et mangez bien. Trouvez des moyens de renforcer votre estime de soi. Ne prenez pas le comportement de votre proche atteint de BPD personnellement. Il réagit en raison de sa maladie mentale, et non pour vous faire du mal.

2. Sachez ce qui vous retient

Vous avez peut-être créé une relation de sauveteur avec votre proche BPD, mais ce n'est sain ni pour vous ni pour lui. Des actions telles que claquer les portes et jeter des objets ont peut-être été utilisées pour contrôler votre comportement, ce qui vous maintient dans la peur et dans un schéma répétitif avec votre proche BPD.

La peur peut vous contrôler d'autres manières, comme la peur de ses réactions, la peur des conflits, la peur d'être seul, etc. Sachez ce qui vous maintient coincé dans cette dynamique malsaine avec votre proche BPD.

3. Communiquer pour faire valoir son point de vue

S'approcher d'une personne souffrant de BPD et essayer de communiquer avec elle peut être effrayant car l'interaction a été chaotique et conflictuelle dans le passé. Vos tentatives ont été vaines et vous avez été dépassé par les événements.

Cependant, la communication est le meilleur moyen, et le plus sain, d'aller de l'avant. Lorsque vous vous adressez à la personne souffrant de BPD, faites toujours preuve d'empathie, d'attention et de respect (EAR). Si vous l'abordez de cette manière, vous aurez plus de chances de faire en sorte que votre proche se calme et vous écoute.

Pour communiquer, soyez bref, informatif, amical et ferme. Ne soyez pas critique ou sarcastique, mais tenez-vous en aux points positifs et restez ferme sur vos limites.

4. Fixez des limites avec amour

Cette étape peut sembler difficile si vous n'avez jamais fixé de limites avec votre proche atteint de BPD, ou si vous ne les avez jamais transgressées en raison du FOG. Mais n'oubliez pas que la fixation de limites est essentielle à votre santé mentale et à la santé de votre relation.

Vous devez communiquer vos limites avec fermeté, mais aussi avec amour. Par exemple, si vous choisissez de sortir de la pièce lorsque votre proche exprime sa colère, vous devez lui dire clairement que vous ne l'abandonnez pas. Vous devez lui dire à quel point vous l'aimez et que vous partez pour vous aider vous-même, et non pour le blesser. Vous ne reviendrez que lorsqu'il sera redevenu calme.

Commencez doucement en fixant des limites à votre proche. Soyez ferme, mais juste, et n'abandonnez pas vos limites. La fixation de limites est un engagement que vous prenez pour votre bien et celui de votre proche.

5. Renforcer le bon comportement

Les actions sont plus éloquentes que les mots. Ne réagissez pas impulsivement lorsque votre proche BPD exprime des émotions négatives démesurées. Toute réaction de ce type de votre part renforcera ses sentiments négatifs, même si vous ne réagissez de la sorte qu'occasionnellement. Soit vous vous éloignez un moment, soit vous n'abordez que les contributions positives.

Les outils émotionnels des maîtres chanteurs

La manipulation par les maîtres chanteurs affectifs peut inclure une agression ouverte, un abus narcissique et des formes subtiles d'abus émotionnel. Les outils et tactiques typiques qu'ils utilisent pour la manipulation sont :

Mentir

Eh bien, personne n'est 100% honnête, ni 100% menteur. Mais les manipulateurs sont des menteurs invétérés. Ils mentent même quand ce n'est pas nécessaire, non pas parce qu'ils ont peur ou qu'ils sont coupables, mais pour vous embrouiller et obtenir ce qu'ils veulent. En plus de mentir, ils peuvent vous mettre sur la défensive par de fausses accusations. Le mensonge peut se manifester par l'imprécision des informations données, ou par l'omission de la partie réelle et le fait de dire d'autres choses qui sont vraies.

Déni

Ne pas se rendre compte que l'on a été maltraité ou que l'on a une dépendance n'est pas un déni. Le déni consiste à renoncer à des choses que vous connaissez, comme des promesses, des accords et des comportements. Cela inclut également la rationalisation des excuses. Par exemple, le manipulateur peut faire comme si vous faisiez toute une histoire pour un problème insignifiant ou justifier ses actions pour vous faire douter de vous-même ou gagner votre sympathie.

Évitement

Les manipulateurs évitent à tout prix d'être confrontés ou de prendre leurs responsabilités. Ils évitent d'avoir des conversations sur leur comportement, qui peuvent être combinées avec une attaque du type "Tu me harcèles toujours". Cela vous piège dans le blâme, la culpabilité ou la honte.

L'évitement peut également être subtil lorsque le manipulateur déplace avec tact le sujet de la discussion vers autre chose. Il peut le camoufler avec des fanfaronnades, des compliments et des remarques que vous voulez entendre.

Par exemple, un mari peut détourner le sujet de la discussion en disant : "Tu sais combien je t'aime" ou "Tu es si attentionné et patient".

L'esquive est une autre tactique d'évitement qui brouille les faits, vous embrouille et vous fait douter de vous-même.

Projection - blâme, culpabilité et honte

Ce sont les tactiques de projection. La projection est un mécanisme de défense utilisé pour la manipulation par les narcissiques, les personnes souffrant de BPD et les toxicomanes. Il s'agit d'une défense par laquelle le manipulateur accuse les autres de son propre comportement. Ils croient en la devise "Ce n'est pas moi, c'est toi". En rejetant la faute sur les autres, ils mettent la personne visée en mode défensif ; celle-ci se sent alors coupable et honteuse, tandis que le manipulateur s'en sort en étant innocent.

Parfois, même les excuses peuvent être une autre forme de manipulation. Les toxicomanes rejettent généralement la faute de leur dépendance sur d'autres personnes, comme un patron exigeant ou un conjoint rancunier.

En vous culpabilisant et en vous faisant honte, les manipulateurs mettent l'accent sur vous, vous rendant faible et obtenant ainsi une chance de gagner sur vous. L'humiliation est un pas de plus que la culpabilisation pour vous faire sentir inadéquat.

La honte ne rabaisse pas seulement vos actions ou votre comportement, mais aussi votre personne. La comparaison est également une forme d'humiliation, comme lorsque les parents comparent leurs enfants à leurs frères et sœurs ou à leurs camarades de jeu.

Accuser la victime, c'est aussi la culpabiliser et lui faire honte. Par exemple, une femme trouve sur le téléphone de son mari des preuves qu'il flirte avec une autre femme. Le mari se montre outré parce que sa femme a vérifié son téléphone. Il a donc fait porter l'attention sur sa femme, qui est en fait la victime. En accusant sa femme d'avoir consulté son téléphone, il a évité une confrontation sur le flirt. En outre, il peut aussi mentir à ce sujet ou le contourner complètement.

Suite à cette réaction du mari, la femme se sent coupable d'espionnage, et il continuera à flirter sans se soucier des émotions de la victime. Le véritable problème du flirt n'est pas abordé.

Intimidation

L'intimidation n'est pas toujours directe. Elle n'inclut pas nécessairement des menaces directes à la victime à chaque fois. Elle peut aussi se faire par un regard, un ton de voix ou des déclarations du type :

- J'arrive toujours à mes fins.
- J'ai des amis haut placés.
- J'ai des contacts avec de nombreux influenceurs.
- Connaissez-vous les répercussions de votre décision ?

Parfois, le maître-chanteur peut aussi raconter une histoire qui suscite la peur chez vous, par exemple : "Elle a quitté son mari et a donc perdu ses enfants, sa maison et tout le reste". Il ne s'agit pas d'une menace directe, mais d'un avertissement à la victime : si elle ose s'opposer à lui, elle en paiera les conséquences, tout comme le personnage de l'histoire.

Jouer la victime

Le maître-chanteur peut vous persuader de céder à ses exigences en jouant lui-même le rôle de victime. Plutôt que de vous blâmer, il se blâmera lui-même pour susciter votre culpabilité et votre sympathie. Il peut dire : "Je ne mérite pas qu'on s'occupe de moi. Je ne vous ai pas donné beaucoup de soins moi-même, alors comment puis-je en attendre de vous

?". Cette tactique du "pauvre de moi" vous oblige à penser qu'ils ont raison et que vous avez tort. Vous commencez à vous laisser prendre au piège de leur manipulation et à vous conformer à ce qu'ils veulent.

Cependant, votre conformité alimente votre ressentiment, nuit à la relation et encourage la poursuite de la manipulation.

Une fois que vous connaissez les outils émotionnels et les tactiques que ces maîtres chanteurs utilisent pour vous manipuler, il devient plus facile d'identifier les cas de pressions et de tactiques similaires dans vos relations.

Maintenant, il est temps d'apprendre les stratégies pour faire face au chantage affectif.

Comment faire face au chantage affectif et cesser d'en être la victime ?

La première étape pour faire face au chantage affectif est de savoir ce qu'est le chantage affectif et comment vous pouvez reconnaître que vous ou quelqu'un d'autre est victime de chantage.

N'oubliez pas les points suivants lorsque vous traitez avec un maître chanteur affectif :

1. Ne cédez pas à leurs exigences

Bien que la situation puisse sembler effrayante si vous êtes confronté à des menaces physiques ou émotionnelles directes, le fait de céder à leurs exigences ne fera qu'encourager le maître-chanteur à recommencer. Cela ne fera qu'aggraver la situation. Alors tenez bon, soyez ferme et refusez d'accéder aux demandes du maître-chanteur. C'est d'autant plus important si la menace est violente envers vous ou d'autres personnes. Retirez-vous de la situation.

2. Sachez que les gens ne font pas chanter ceux qu'ils aiment.

L'idée fausse la plus courante chez les victimes au sujet du maître chanteur est que l'agresseur aime la victime et qu'il peut abandonner la relation si elle ne cède pas à ce qu'il veut.

Cependant, il est peu probable que cela soit vrai. Vous devez reconnaître que les personnes qui vous aiment vraiment, qui se soucient sincèrement de vous, ne feront jamais de demandes tout en menaçant de vous nuire ou de se nuire à elles-mêmes. Cela vous aidera à vous détacher de la situation, à voir la réalité et à avoir la possibilité de refuser de suivre leurs exigences.

3. Modifier l'équation

Parfois, il ne sera pas possible de contrôler le maître-chanteur, mais vous pouvez vous contrôler vous-même. Retirez-vous de la situation pendant un certain temps. Cela montre au maître-chanteur qu'il n'a personne à contrôler. De plus, vous serez en mesure de mieux gérer la situation lorsque vous ne serez pas sous pression.

Que ce soit vous ou votre proche qui soyez victime d'un chantage affectif, il faut avant tout en connaître les signes, afin de pouvoir retirer la victime de la situation en toute sécurité. Ne prenez jamais à la légère les menaces de violence à l'encontre de la victime.

Comment faire face aux projections des maîtres chanteurs ?

Comme nous l'avons vu, la projection est un mécanisme de défense des maîtres chanteurs, en particulier des narcissiques, des personnes souffrant de BPD et des toxicomanes. Lorsqu'ils se projettent, ils se défendent contre des impulsions ou des traits inconscients qu'ils se refusent à reconnaître ou qu'ils ne veulent pas reconnaître. Ils croient que leurs émotions proviennent de l'autre personne, alors qu'en fait, ce sont leurs pensées et leurs sentiments qui sont le problème. Par exemple, elles peuvent penser que l'autre personne les déteste alors que c'est elles qui détestent la personne.

La projection est un comportement qui indique un faible niveau de développement émotionnel ou de maturité.

Comment gérer la projection des manipulateurs ? Fixez vos limites afin de ne pas réagir avec colère au comportement projeté par les maîtres chanteurs. Ne vous jugez pas en fonction de l'opinion d'autres personnes. Bien que cela puisse être difficile si vous êtes une personne sensible, essayez de ne pas prendre les commentaires et les déclarations du projeteur personnellement. Essayez de faire preuve d'empathie à son égard. Et surtout, ne laissez rien entamer votre respect de vous-même et votre confiance en vous.

Résumé du chapitre

1. FOG ou peur, obligation et culpabilité sont les techniques utilisées par les maîtres chanteurs émotionnels pour manipuler avec succès leurs victimes.
2. Le besoin de plaire à vos proches, ou la peur de leur colère et de leurs représailles, vous rendent sensible à leur chantage affectif.
3. Outre la technique du FOG, les maîtres chanteurs affectifs utilisent des outils tels que le mensonge, le déni de leurs promesses ou accords, l'évitement de la confrontation/conversation sur leur comportement, la projection, l'intimidation et le jeu de la victime pour vous gagner.
4. La projection est un mécanisme de défense utilisé par les narcissiques, les personnes souffrant de BPD et les toxicomanes, qui utilisent le blâme, la culpabilité et la honte pour exercer un chantage émotionnel sur leurs victimes.
5. Ne pas céder aux exigences des maîtres chanteurs, fixer vos limites et communiquer directement et fermement avec eux pour garder votre opinion, sont les meilleurs moyens de faire face au chantage affectif et de ne plus en être victime.

6. N'hésitez jamais à demander le soutien d'amis, de membres de votre famille et de psychothérapeutes pour faire face au chantage affectif.

Dans le prochain chapitre, vous apprendrez....

- Les effets du chantage émotionnel sur les enfants.
- Parents difficiles contre parents toxiques.
- Les moyens de faire face au chantage dans une famille.

CHAPITRE QUATRE :

Le chantage dans la famille

Le processus de décision au sein de la famille est un phénomène complexe où de nombreux facteurs, dont les émotions, jouent un rôle important. Tant les parents que les enfants utilisent les émotions pour s'influencer mutuellement et orienter les décisions en leur faveur. Ce phénomène est généralement naturel et sain.

Les familles saines prennent leurs décisions sur la base de la négociation, de règles clairement définies et d'une autorité juste. Bien qu'il soit presque impossible de satisfaire tous les membres de la famille dans le processus de décision, les parents essaient d'écouter tout le monde avant de prendre la décision finale. Une telle discussion supprime la prise d'otage à la maison et permet à chacun d'exprimer ouvertement son opinion, voire son mécontentement. Ainsi, les problèmes sont exposés à la famille plutôt que la volonté d'une personne imposée à la famille.

En outre, lorsque les règles et les attentes sont claires, la structure d'autorité juste est claire, le besoin de manipulation devient moindre et les membres de la famille développent une confiance dans la décision prise.

L'utilisation des émotions devient nuisible lorsqu'elles sont utilisées comme des menaces pour contrôler le comportement d'une autre personne ou l'intimider. Les parents peuvent proférer des menaces à l'encontre de leurs enfants, les enfants peuvent les utiliser à l'encontre de leurs parents, et parfois même les grands-parents entrent dans ce cycle de menaces émotionnelles.

Ces menaces émotionnelles se manifestent généralement par de la rage, des cris, des pleurs, des gémissements ou des plaintes. Elles rendent non seulement la situation inconfortable pour la victime, mais l'obligent également à faire quelque chose qu'elle n'aime pas.

Lorsque ces menaces émotionnelles ont lieu dans des lieux publics, cela devient très embarrassant pour la victime, ce qui accroît encore la pression pour qu'elle cède. Après plusieurs épisodes de telles menaces, la victime est obligée de céder pour éviter de créer une scène en public. Dans ce cas, ce n'est pas seulement la pression psychologique, mais le simple fait d'être gêné qui crée une pression pour céder.

Les menaces émotionnelles répétées, qu'elles émanent du parent ou de l'enfant, créent une situation d'otage au sein du foyer.

La rétention est une autre forme de chantage affectif que l'on peut observer au sein de la famille. Le maître chanteur peut menacer de refuser l'amour, l'attention, l'argent ou la dignité pour obtenir ce qu'il veut.

Malheureusement, de nombreux parents utilisent le chantage affectif comme stratégie d'éducation de leurs enfants. Ils utilisent la peur, la culpabilité et l'intimidation pour faire faire à leurs enfants ce qu'ils veulent. Et la vérité est qu'ils sont souvent inconscients de ses conséquences sur leurs enfants. Ils ne se rendent pas compte de l'effet qu'il peut avoir sur les enfants et sur la relation qu'ils entretiennent avec eux.

Il semble très tentant et facile d'utiliser le chantage affectif et de faire en sorte que les enfants obéissent à leurs ordres, mais les conséquences sont immensément dommageables. Les enfants peuvent apprendre à faire du chantage affectif en imitant l'exemple donné par leurs parents.

Pourquoi les parents ont-ils recours au chantage affectif ?

Les parents ont souvent recours au chantage affectif, car il leur donne un moyen d'amener les enfants à obéir sans protester. Ce qu'ils ne comprennent pas, c'est que le contrôle n'est pas synonyme d'éducation. Les parents peuvent dire à l'enfant ce qu'il doit faire et comment le faire. Mais, s'ils le menacent s'il ne le fait pas immédiatement, ils réduisent la capacité de décision de l'enfant. Par conséquent, en grandissant, l'enfant sera soit excessivement dépendant, soit très rebelle.

De plus, le recours au chantage affectif envers les enfants révèle l'insécurité des adultes en tant que parents. Il montre qu'ils ont peu ou pas de patience et qu'ils ne peuvent pas respecter la façon de faire d'un jeune. C'est aussi la pire façon de se protéger des questions de son enfant.

Comment le chantage affectif affecte-t-il vos enfants ?

Le chantage émotionnel des parents est une forme de manipulation qui ne laisse pas le choix à l'enfant. Il est obligé de vous obéir, mais c'est probablement de courte durée. À long terme, la stratégie du chantage affectif ne fonctionnera pas. Au pire, l'enfant peut commencer à l'utiliser contre vous parce que c'est ce qu'il a retenu de vous - si vous ne pouvez pas obtenir ce que vous voulez par des moyens raisonnables, menacez les autres pour obtenir ce que vous voulez.

En outre, le chantage affectif peut remplir le cœur de votre enfant de ressentiment, qu'il ne peut expliquer au départ mais qui se manifeste en grandissant. Le chantage affectif ternit également l'amour dans les relations parents-enfants.

Pourquoi le chantage affectif ne fonctionne pas

Parfois, le chantage affectif exercé par les parents ne fonctionne pas parce que les parents profèrent des menaces qu'ils ne mettent pas à exécution. Aucun parent ne cessera d'aimer son enfant parce qu'il ne range pas sa chambre, alors à quoi bon le menacer de le faire ?

De nombreux psychologues ont prouvé que ces types de menaces ne durent pas longtemps et ont un très mauvais résultat. En utilisant des menaces, vous ne pourrez jamais faire apprendre et comprendre à votre enfant la véritable raison de garder sa chambre propre.

Ils n'apprendront jamais qu'en ayant une chambre bien rangée, ils peuvent facilement retrouver leurs affaires. Ils n'apprendront jamais l'importance de se brosser les dents. Et ainsi de suite.

Il est fort probable que, lorsque les menaces semblent cesser de faire sentir leur effet sur votre enfant, les bonnes habitudes que vous vouliez lui inculquer disparaissent également.

En bref, le chantage n'apprend pas à votre enfant à résoudre des problèmes ou à faire des choses parce que c'est mieux pour lui. Il ne modifie le comportement de l'enfant que pendant un moment, mais il n'y a pas de changement réel ou durable.

De même, si vous menacez votre enfant d'une conséquence et que vous ne la mettez pas à exécution, vous perdez toute crédibilité aux yeux de votre enfant. Vos menaces deviennent vides de sens.

Quelles sont les alternatives au chantage émotionnel ?

Si vous souhaitez dire à votre enfant de faire quelque chose ou comment le faire, la meilleure façon d'enseigner est de l'aider ou de l'accompagner dans l'accomplissement de la tâche. C'est bien mieux que de crier ou de donner des ordres depuis le canapé. Pour les enfants plus âgés, la meilleure méthode d'enseignement est l'exemple. Si vous voulez qu'ils fassent ce que vous voulez, laissez-les imiter vos actions et votre attitude. Donnez-leur quelque chose de positif à imiter.

Les enfants ne sont pas des robots. Seuls les robots et les machines répondent à nos ordres la première fois que nous les demandons. Il se peut donc que vous deviez répéter les choses plus d'une fois pour que votre enfant les fasse. S'il tarde à faire quelque chose, ce n'est pas toujours par paresse ou pour vous mettre en colère. Les enfants mettent du temps à apprendre et à se souvenir des choses. Laissez-les donc faire à leur rythme.

Parents difficiles ou toxiques

Les parents difficiles sont très prudents et peuvent inciter leur enfant à adopter un comportement similaire. À l'inverse, les parents toxiques sont plus hostiles au développement de la personnalité et à la formation du caractère de leur enfant.

Vous ne pouvez pas qualifier un parent de toxique si :

- Il/elle est un peu lunatique.
- Le stress dû à des problèmes financiers, relationnels ou familiaux.
- Ils sont préoccupés par le travail.
- physiquement et émotionnellement indisponibles pour leurs enfants.
- Ressentir du ressentiment et de l'amertume à l'idée d'être pris au piège de la parentalité.

Un tel parent est émotionnellement négligeant envers l'enfant, mais il n'est pas nécessairement toxique.

Voici quelques questions à vous poser sur le comportement de vos parents. S'il est constant et chronique, il se peut que vous ayez une relation toxique avec eux.

- Tes parents réagissent-ils de manière excessive ou font-ils une scène pour de petites choses ?
- Est-ce qu'ils vous font du chantage émotionnel ?
- Les demandes sont-elles fréquentes ou déraisonnables ?
- Essayent-ils de vous contrôler ?
- Est-ce qu'ils vous critiquent ou vous comparent aux autres ?
- Est-ce qu'ils vous écoutent avec intérêt ?
- Est-ce qu'ils vous blâment souvent ?
- Assument-ils la responsabilité de leur conduite ou s'excusent-ils ?
- Respectent-ils vos limites physiques et émotionnelles ?
- Respectent-ils vos sentiments et vos besoins ?
- Est-ce qu'ils vous envient ?

Les causes du comportement toxique des parents

La raison la plus importante du comportement toxique des parents est essentiellement la répétition de ce qu'ils ont eux-mêmes vécu dans leur enfance. Ce qu'ils ont appris et imité de leurs parents est maintenant transmis à leurs enfants sous forme d'abus.

Comme ils n'avaient pas suffisamment de conscience de soi, de connaissances et de compétences pour changer ces schémas improductifs, ils ont continué à appliquer le même style d'éducation. De plus, le fait d'avoir été eux-mêmes victimes d'abus toxiques dans leur enfance peut les avoir laissés avec un trouble de la personnalité ou un problème de santé mentale, ce qui affecte leur capacité à éduquer correctement leurs propres enfants.

Les personnes qui sont aujourd'hui parents, si elles ont été traumatisées dans leur enfance par le chantage affectif, peuvent très bien manquer d'empathie et de considération pour les besoins de leur enfant. La vulnérabilité de leur enfant déclenche l'insécurité émotionnelle des parents, qu'ils ne peuvent pas affronter, et ils punissent l'enfant pour avoir fait preuve de "faiblesse".

De l'autre côté du spectre de la parentalité toxique se trouvent les personnes qui ont eu une enfance apparemment bonne, mais qui ont été "choyées" et gâtées. Ils ont été trop gâtés et n'ont jamais eu à attendre pour obtenir ce qu'ils voulaient.

Ces personnes ont grandi en croyant que leurs besoins étaient prioritaires, qu'ils étaient supérieurs à ceux des autres et qu'ils méritaient d'avoir le pouvoir sur les autres. Elles pensent qu'elles doivent recevoir une attention particulière, des privilèges et des récompenses parce qu'elles sont supérieures aux autres.

Signes et symptômes des parents toxiques

Les parents toxiques font passer leurs sentiments et leurs besoins en premier. Ils sont égocentriques et se croient au centre de l'attention. Ils ont généralement un comportement erratique, imprévisible et effrayant. En raison de ces facteurs, ils ne peuvent pas offrir un environnement sûr et sécurisant à leurs enfants.

Ils ne peuvent pas accepter que leur enfant puisse parfois échouer car, à leurs yeux, c'est un reflet négatif d'eux-mêmes. L'échec de leur enfant les fait se sentir honteux, et ils punissent l'enfant pour les avoir fait se sentir mal. Ils sont jaloux et envieux si quelqu'un favorise ou apprécie leur enfant. À cause de l'envie, ils peuvent aussi devenir violents envers la beauté ou le talent de l'enfant.

Les parents toxiques considèrent leur enfant comme un "objet" sur lequel ils peuvent compter sur le plan émotionnel, physique, pratique et financier.

Il est difficile, ou plutôt impossible, pour l'enfant de plaire ou de satisfaire ce type de parent. Quels que soient leurs efforts, ils sont incapables de leur plaire. L'enfant de tels parents se sent réprimé et opprimé. Ses besoins physiques et émotionnels sont négligés. Souvent, les besoins de l'enfant, même ceux qui sont sincères, sont ressentis comme un fardeau par le parent toxique. Lorsque l'enfant pleure ou réclame des soins et de l'attention, ce parent le rabaisse, le ridiculise, l'ignore ou le punit.

Les parents toxiques ne s'intéressent pas à ce que leur enfant a à dire. Les sentiments et les opinions de l'enfant sont complètement ignorés.

Les parents toxiques créent une grave atmosphère de tension et de peur à la maison. Jouer à des jeux d'esprit avec l'enfant est la seconde nature des parents toxiques. Ils racontent des mensonges, transmettent des messages contradictoires, pour confondre et manipuler l'enfant. Ils intimident leur enfant, mentalement et émotionnellement. L'enfant, étant immature et possédant peu de dons innés pour le raisonnement, la rationalité et la logique, est incapable de remettre en question et de contester les motifs ou le comportement de ses parents. L'enfant ne peut pas oser défier le parent par peur des dures conséquences.

Les parents toxiques adoptent un comportement passif-agressif en ignorant les demandes et les commentaires de l'enfant. Même s'ils promettent quelque chose à l'enfant, ils ne tiennent jamais leur promesse.

Si vous contestez la conduite des parents toxiques, ils peuvent devenir agressifs et violents, ou donner un traitement silencieux en refusant de parler à l'enfant.

Les parents toxiques se présentent comme des victimes et essaient d'amener les autres à les croire et à se ranger de leur côté contre l'enfant.

Les parents toxiques sont toujours en mode "deal". Ils n'acceptent de faire quelque chose pour l'enfant que si celui-ci accepte leurs caprices et leurs fantaisies. Le parent toxique a besoin de se sentir puissant et de contrôler les pensées, les émotions, le langage et le comportement de l'enfant. Il étouffe l'expression émotionnelle authentique de l'enfant, allant jusqu'à lui dire qu'il a tort d'avoir des sentiments.

La culpabilisation et le chantage affectif sont leurs armes favorites pour amener leur enfant à se conformer à eux. Les parents toxiques sont souvent très critiques et scrutent les activités de l'enfant en utilisant le sarcasme, le blâme et les commentaires humiliants. Les parents toxiques respectent rarement les limites personnelles de leur enfant et s'y immiscent. Ils ont eux-mêmes des limites faibles et évitent de prendre des décisions ou de donner des conseils adéquats à leur enfant.

Les parents toxiques jouent le double rôle du martyr et de l'ennemi. À un moment donné, ils diront : " Comment peux-tu me traiter comme ça ? Après tout ce que j'ai fait pour toi ?". D'un autre côté, ils passeront à "Je voudrais que tu ne sois jamais né. Tu as ruiné ma vie.

Les parents toxiques ayant deux enfants ou plus les montent les uns contre les autres. Les deux sont traités différemment, mais pas de manière bénéfique pour l'un ou l'autre.

Les parents toxiques peuvent également abuser de leur enfant physiquement et sexuellement.

Comment faire face à des parents toxiques ?

Regardons la vérité en face. Certains individus sont si dangereux, si manipulateurs et si épuisants que vous feriez mieux de vous en éloigner. Mais, et si ces individus sont vos parents ? Est-il vraiment possible de couper tout contact avec eux ?

Non ! C'est pourquoi deux professionnels de la santé mentale - Justin Shubert, fondateur de Silver Lake Psychotherapy, et Rebekah Tayebi, thérapeute clinique et coach familial, conseillent les méthodes suivantes pour faire face à ce genre de situation.

Déterminer si vos parents sont réellement toxiques

La relation avec tes parents ne peut pas être rose à tout moment. Il y aura des moments de dispute où toi ou les parents ferez des erreurs. Ta mère n'aime pas ta robe ou te pose des questions. Elle peut dire quelque chose de critique qui vous énerve. Elle peut se comporter comme vous ne le souhaitez pas un million de fois, et vous avez envie de faire un trou dans le mur.

Cependant, toutes ces choses comptent pour une mauvaise équation et non pour des parents toxiques.

On parle de toxicité lorsque les besoins du parent prennent le pas sur ceux de l'enfant pendant une période prolongée. Ils ont une extrême difficulté à réguler leurs émotions, voire à les communiquer de la bonne manière. Par conséquent, toute conversation s'enflamme immédiatement. Les choses deviennent également très imprévisibles. Les psychothérapeutes vous conseillent de vous interroger : Avez-vous l'impression de pouvoir respirer en présence de vos parents ? OU êtes-vous constamment étouffé en leur présence parce que vous ne pouvez pas être vous-même et que vous vous sentez contraint de faire ce qu'ils veulent pour leur plaire ?

Comprendre que les limites habituelles sont perturbées par des parents toxiques.

Une chose est évidente dans les systèmes familiaux toxiques. Les enfants de la famille sont à l'écoute des besoins de leurs parents. La relation parent-enfant typique est inversée, et il y a beaucoup de confusion sur les limites à fixer.

Par exemple, un parent peut avoir une relation toxique avec son conjoint. Mais ils parlent et se disputent devant les enfants plutôt que de régler le problème à huis clos. En conséquence, les enfants sont également impliqués dans le discours parental et commencent à prendre le parti de l'un ou l'autre parent.

Les parents toxiques sont tellement absorbés par leurs propres besoins, leurs drames et leurs dépendances que leurs enfants n'apprennent jamais à être eux-mêmes.

Choisissez une phrase de référence pour réorienter la conversation.

Il est très facile pour les enfants de reprendre le comportement dysfonctionnel de leurs parents et de les imiter. C'est pourquoi il est essentiel de repérer les schémas négatifs dans le comportement des parents et, chaque fois que possible, de réorienter la conversation. Vous pouvez le faire en modélisant le type de comportement et de limites que vous souhaitez.

Par exemple, si l'attitude de votre mère devient envahissante, vous pouvez dire : "Maman, je comprends que c'est très difficile pour toi. Mais, je me sens un peu envahie maintenant."

Ainsi, vous validez les sentiments de vos parents et leur dites également ce que vous ressentez de leur part. Vous communiquez que vous

vous sentez escaladé, courbé ou anxieux, et que vous avez besoin d'une pause dans la conversation.

Pratiquez ces réponses à l'avance afin de pouvoir les utiliser comme mantra de sauvetage pour faire face à la situation.

Le parent peut ne pas respecter votre limite, mais il est beaucoup plus sain pour vous de parler comme un disque rayé plutôt que de céder à sa manipulation.

Disposez d'un plan d'action et d'un système de soutien sur lequel vous pouvez compter.

Il est parfois plus sûr et plus sain de rester avec ses amis qu'avec sa famille. Maintenir une distance de sécurité peut vous donner un espace de retraite. Prévoyez un itinéraire d'activités, afin de passer le moins de temps possible avec votre parent toxique.

Cela vous aide à fixer des limites et à décider :

- Combien de jours voulez-vous passer avec eux ?
- Voulez-vous vraiment rester avec eux ou non ?
- Si vous voulez rester avec eux, voulez-vous amener quelqu'un avec vous ?
- Combien de temps êtes-vous prêt à passer avec eux en une journée ?
- Avez-vous un plan d'évasion si les choses empirent ?

En pensant à ces choses à l'avance, vous éviterez de tomber dans le vieux cycle des victimes et des regrets.

De plus, soyez clair avec votre système de soutien sur la façon dont vous voulez être soutenu. Au lieu de vous défouler sur un ami proche, préparez vos amis à ce qui pourrait arriver en présence de vos parents. Dites-leur clairement ce que vous attendez d'eux.

Permettez vous de dire "Non"

La plupart des enfants qui grandissent dans un environnement parental toxique abandonnent leurs propres besoins au profit de ceux de leurs parents. Cependant, vous devez vous rappeler qu'il n'y a rien de mal à vous faire une place et à vous y engager.

Rappelez-vous que vos sentiments sont aussi valables que ceux de vos parents, et qu'il est tout à fait logique de vous donner l'espace dont vous avez besoin. Occupez-vous de vos sentiments à ce moment-là, puis reprenez la vie de famille.

Résumé du chapitre

1. Les familles saines prennent leurs décisions sur la base de la négociation, de règles clairement définies et d'une autorité juste. En revanche, lorsque les parents ou les enfants utilisent les émotions comme des menaces pour contrôler le comportement de l'autre, cela crée une situation d'otage à la maison.
2. De nombreux parents ont recours au chantage affectif parce que cela semble être le moyen le plus facile d'obtenir que les enfants obéissent à leurs ordres sans protester. Les parents qui ont recours au chantage affectif sont souvent eux-mêmes en insécurité affective.
3. Le chantage émotionnel chez les enfants réduit leur capacité de décision. Ils seront soit trop dépendants des autres, soit rebelles à l'avenir.
4. Le chantage n'apprend pas à votre enfant à résoudre des problèmes ou à faire des choses parce que c'est dans son intérêt. De plus, il ne modifie que momentanément le comportement de l'enfant.
5. La meilleure façon d'enseigner aux enfants ce qu'il faut faire et comment le faire est de les accompagner dans la tâche ou par votre exemple.
6. Les parents toxiques ont recours au chantage émotionnel parce qu'ils ont vécu le même traumatisme dans leur enfance.

Les signes révélateurs d'un parent toxique sont les suivants :

- Ils sont égocentriques.
- Ils ne peuvent pas accepter votre échec.
- Ils vous envient.
- Vous ne pouvez pas satisfaire/plaire à un parent toxique, même si vous essayez très fort.
- Ils négligent vos besoins et vos sentiments.
- Ils jouent à des jeux d'esprit et peuvent vous insulter.
- Ils vous malmènent, mentalement et émotionnellement.
- Ils peuvent être agressifs et violents envers vous.
- Sont très critiques.
- Pour faire face aux parents toxiques, il faut d'abord déterminer s'ils sont réellement toxiques ou non. Apprenez à dire non à leurs demandes et attentes déraisonnables. Fixez vos limites et faites-les respecter. Ayez des amis pour vous soutenir et sur lesquels vous pouvez compter si les choses tournent mal.

Dans le prochain chapitre, vous apprendrez....

- Le chantage dans les relations.
- Des choses apparemment innocentes qui sont du chantage émotionnel.
- Signes d'alerte du chantage affectif dans les relations amoureuses.
- La vie après les relations toxiques.
- L'amour véritable contre l'attachement.

CHAPITRE CINQ :

Le chantage dans les relations

Des choses apparemment innocentes qui sont du chantage émotionnel.

Pouvez-vous différencier un comportement sain de votre amant d'une manipulation toxique ? Malheureusement, il est facile de prendre la jalousie, la possessivité et d'autres actions malsaines pour de la romance ou de l'amour. Les experts préviennent que de nombreuses choses apparemment innocentes en amour peuvent être du chantage affectif. Parfois, c'est difficile à dire.

Le chantage affectif est l'un des principaux moyens utilisés par un partenaire pour contrôler l'autre en manipulant ses émotions de manière à le forcer à donner ce qu'il veut, même en dehors de sa volonté.

Elle peut prendre de nombreuses formes. L'une de ces formes est le sarcasme. Par exemple, si vous dites à votre partenaire ou si vous lui reprochez d'être trop critique, il vous répondra en disant : "Je suis désolé d'être une si mauvaise personne."

Au lieu d'utiliser cette critique de manière constructive, le partenaire maître chanteur utilise le sarcasme comme une réponse manipulatrice pour invalider les émotions de son partenaire et protéger les siennes.

Selon Kelsey M. Latimer, Ph.D., fondatrice de Hello Goodlife, le chantage affectif ne doit jamais être ignoré. Il doit être pris très au sérieux en tant qu'abus émotionnel, et vous devez immédiatement dire à la personne ce que vous ressentez. De plus, faites intervenir d'autres personnes si vous vous sentez en danger.

Voici des choses apparemment innocentes qui sont en fait du chantage affectif :

Ils veulent tout savoir sur vous immédiatement

C'est bien d'avoir quelqu'un qui veut tout savoir sur vous. Mais ce n'est pas si bien s'il essaie de tout savoir tout de suite et vous pousse au point de vous mettre mal à l'aise.

Par exemple, vous devez être prudent s'il vous pose des questions sur vos finances trop tôt dans la relation. Vous pouvez supposer qu'il se soucie de l'argent et de la stabilité, mais il se peut qu'il ne vous le demande pas pour les bonnes raisons. Surtout s'il vous pousse ou vous fait sentir mal de ne pas partager, c'est du chantage affectif.

Dans une telle situation, il est important de fixer vos limites. Si vous ne vous sentez pas à l'aise pour partager, ne le faites pas. La personne qui vous aime respectera vos limites.

Ils mettent le doigt sur vos défauts

Exprimer honnêtement ses faiblesses est une bonne chose, mais cela ne doit jamais être blessant. Si votre amoureux(se) fait constamment ressortir vos défauts, il s'agit d'un chantage affectif. Bien qu'il/elle puisse les évoquer de manière apparemment inoffensive, cela peut déclencher la peur et le doute dans votre esprit.

Lorsque vous êtes constamment critiqué, vous commencez à croire en ces mots. Vous commencez à vous regarder de haut. Vous devenez victime de chantage affectif et vous vous sentez coincé dans une relation parce que vous avez peur que personne d'autre ne vous aime pour vos défauts.

Lorsque la situation atteint ce stade, il s'agit clairement d'un cas de violence psychologique, et vous ne devriez pas hésiter à mettre fin à une telle relation.

Ils essaient de vous punir après un combat

Il est courant de se disputer avec son partenaire. Mais si, après la dispute, votre partenaire reste dehors pendant des heures sans dire où il est, c'est un signe de violence psychologique. Il vous punit pour le désaccord en vous faisant intentionnellement vous inquiéter ou vous sentir anxieux à son sujet.

Demander de l'espace après les chaleurs, c'est bien. Mais si quelqu'un le fait intentionnellement pour punir son partenaire, il s'agit d'un chantage affectif. Lorsque cela se produit la première fois, abordez votre partenaire calmement et expliquez-lui votre état mental. Si vous êtes dans une relation saine, votre partenaire veillera à ce que cela ne se reproduise pas.

Ils vont vous tester

Une relation saine est une relation équilibrée. Vous n'avez pas besoin d'aller jusqu'à vos extrêmes pour faire plaisir à votre partenaire. Par exemple, si vous avez envie de partir en vacances avec votre partenaire, mais qu'il insiste sur le fait qu'il ne pourra le faire qu'à condition que vous portiez les robes de son choix, c'est du chantage affectif. Cela montre qu'il ne vous accueille pas dans son monde si vous ne vous conformez pas à ses exigences.

C'est un comportement de contrôle qui rend la relation malsaine.

Ils tiennent un compte

Si votre partenaire pratique le chantage affectif, il fera tout son possible pour vous rendre service, mais aucune de ses actions n'est désintéressée. En fait, il ne cessera d'en parler pour vous rappeler les sacrifices qu'il a faits pour vous. Ils se serviront de leurs bonnes actions pour vous faire culpabiliser et avoir ce qu'ils veulent.

Ils se tournent vers vous pour tout

Il est agréable d'avoir besoin des autres, mais si quelqu'un commence à faire des déclarations telles que "Tu es la seule personne sur laquelle je peux compter" ou "Tu es la seule personne dans ma vie", il faut tirer la sonnette d'alarme. Personne ne devrait vous rendre responsable de son bonheur ou vous utiliser comme un outil pour garder ses problèmes à distance.

Ils veulent être tout pour vous

Si vous êtes le monde entier pour le maître chanteur, en contrepartie, il attend la même chose de vous. Ils veulent que vous vous tourniez vers eux pour tout ce dont vous avez besoin. En fait, ils feront tout ce qu'ils peuvent pour y parvenir. Bien que cela semble inoffensif, c'est un piège. Lorsque vous n'avez personne vers qui vous tourner à part eux, ils peuvent facilement vous contrôler.

L'important ici est de rester conscient de ces drapeaux rouges dans les relations. Il est facile de considérer ces choses comme innocentes et de les rendre romantiques. Mais si vous vous trouvez dans une telle situation de manipulation, confrontez votre partenaire et dites-lui ce que vous ressentez. Utilisez des déclarations "je" sans rejeter la faute sur votre partenaire.

Néanmoins, si vous ne parvenez pas à résoudre le problème, envisagez de mettre fin à la relation, car les relations dominées par ces méthodes sont malsaines et épuisantes sur le plan émotionnel.

Six signes avant-coureurs du chantage affectif dans les relations

Savez-vous quand cette relation amoureuse se transforme en chantage affectif ? Faites attention à ces signes :

1. Manipulation de vos décisions et de vos choix en y réagissant négativement.

2. Vous êtes intimidé jusqu'à ce que vous fassiez ce que votre partenaire veut.

3. Ils vous reprochent des choses que vous n'avez pas faites pour que vous vous sentiez coupable et obligé de céder à leurs exigences.

4. Votre partenaire vous accuse de quelque chose que vous n'avez pas fait.

5. Ils jouent les victimes et dramatisent leur souffrance publiquement jusqu'à ce que vous acceptiez ce qu'ils veulent.

6. Menacer de vous faire du mal ou de se faire du mal pour que vous fassiez (ou ne fassiez pas) ce qu'ils veulent.

Les personnes qui utilisent ces techniques pour vous contrôler travaillent souvent par cycles. Parfois, vous aurez l'impression qu'il y a des périodes pendant lesquelles tout est normal. Il n'y a pas de culpabilisation, ni de pression pour faire les choses à leur manière. Cependant, ces personnes sont des individus peu sûrs d'eux. Lorsqu'elles commencent à se sentir hors de contrôle ou mal à l'aise dans une situation, elles commencent à augmenter la pression de la manipulation sur vous.

Si vous êtes victime de ce genre de manipulation de la part de votre partenaire, demandez immédiatement l'aide d'un conseiller. Outre le conseil d'un thérapeute, suivez ces trois étapes cruciales :

1. Fixez des limites claires pour vous-même, et ne laissez pas la mauvaise attitude de votre partenaire vous faire changer d'avis. Y céder ne fait qu'empirer les choses.

2. Si votre partenaire menace de vous faire du mal physiquement, quittez immédiatement les lieux et appelez les autorités. Ne restez pas dans des situations dangereuses simplement parce que vous craignez de perdre vos biens personnels.

3. Faites appel à vos amis, votre famille ou vos proches pour obtenir du soutien.

Cependant, gardez à l'esprit que de nombreuses personnes ont un certain niveau d'insécurité émotionnelle. Et toute personne peu sûre d'elle ne se transforme pas en monstre. Parfois, votre partenaire n'a besoin que d'un simple réconfort de votre part. Mais lorsque les réassurances ne semblent pas suffisantes et que vous vous sentez de plus en plus manipulé par votre partenaire, ce sont les signaux d'alarme de la violence psychologique. Faites donc attention à ces signes d'alerte.

Êtes-vous vraiment amoureux de votre partenaire ?

L'amour est une chose compliquée. Il est facile de confondre attachement et amour. Cependant, voici quelques différences entre l'attachement et le véritable amour qui vous aideront à mieux comprendre vos relations.

L'amour est désintéressé ; l'attachement est égoïste

Quand on est amoureux, on cherche avant tout à rendre son partenaire heureux. Vous pensez toujours à des moyens de faire en sorte que votre partenaire se sente aimé et comblé. Vous ne surveillez pas qui aide le plus, ni ne vous disputez pour savoir qui fera la vaisselle. Vous ne faites pas pression sur votre partenaire et ne cherchez pas à dominer la relation.

À l'inverse, l'attachement vous pousse à vous concentrer sur vous-même, sur la façon dont il peut vous rendre heureux. Vous devenez fortement dépendant de votre partenaire et vous essayez même de le contrôler par peur d'être abandonné. Vous attendez de votre partenaire qu'il améliore votre estime de soi et comble le vide en vous. Vous le rendez responsable de votre bonheur et vous vous sentez frustré s'il ne parvient pas à vous satisfaire.

L'amour libère, l'attachement contrôle

Le véritable amour vous permet d'être vous-même. Si votre partenaire vous aime, il vous acceptera avec vos forces et vos faiblesses, et vous encouragera à être qui vous êtes vraiment. L'amour véritable permet de développer une confiance mutuelle et agit comme un catalyseur pour l'épanouissement personnel des deux personnes concernées. Lorsque votre partenaire vous accepte tel que vous êtes et vous encourage à poursuivre vos rêves, vous ne ressentirez jamais le besoin de contrôler sa vie.

L'attachement, quant à lui, alimente les schémas de contrôle. Vous ou votre partenaire pouvez empêcher l'autre de passer du temps avec ses amis ou le manipuler, sans tenir compte de ses sentiments.

L'amour est une croissance mutuelle ; l'attachement empêche la croissance.

Comme on l'a dit, l'amour développe la confiance mutuelle, qui, à son tour, contribue à l'épanouissement des deux partenaires concernés. Il vous aide tous les deux à devenir la meilleure version de vous-mêmes. En bref, votre partenaire stimule votre croissance, et vous faites de même pour lui.

L'attachement entrave votre croissance et celle de votre partenaire. Comme vous dépendez excessivement de lui pour résoudre vos problèmes et que vous essayez de le contrôler, cela entrave également sa croissance. Il n'est donc pas surprenant que cela rende difficile de s'aimer sainement.

L'amour est éternel, l'attachement est éphémère.

L'amour est éternel. Même si votre partenaire et vous vous séparez, temporairement ou définitivement, il continuera à avoir une place dans votre cœur et vous lui souhaiterez toujours le meilleur pour sa vie.

En revanche, si vous n'étiez attaché qu'à eux, vous leur en voudrez après la rupture. Vous les accuserez de trahison, car vous les considériez comme responsables de votre bonheur.

L'amour vous rend égoïste ; l'attachement renforce l'égo.

Une relation amoureuse réduit votre ego, favorise votre croissance et vous rend moins égoïste et plus aimant. Une telle relation alimente des changements positifs chez les deux partenaires, les encourage à s'ouvrir à leurs faiblesses, à leurs vulnérabilités et à communiquer avec leur cœur.

Par contre, les relations fondées sur l'attachement sont des stimulants de l'ego. L'attachement génère une dépendance à l'égard de votre partenaire, et vous avez l'impression que vous ne pouvez pas être heureux sans lui. Vous dépendez de votre moitié significative pour résoudre vos problèmes ou vous aider à les oublier.

Faire face au chantage affectif dans les relations

Si vous êtes confronté au chantage affectif d'un être cher, vous vous sentirez frustré et piégé. Mais les choses peuvent s'améliorer si vous prenez les mesures suivantes :

Étape 1 : Reconnaître le chantage affectif

Un maître chanteur affectif, même s'il s'agit d'une personne proche de vous, prend le dessus sur vous parce que vous ne reconnaissez pas ses tactiques. En conséquence, vous cédez à ses exigences et vous vous exposez à d'autres manipulations de sa part.

Il est donc essentiel de reconnaître le chantage affectif avant de pouvoir y faire face. Faites attention aux menaces ou aux punitions si vous ne faites pas ce qu'il veut. Les menaces peuvent prendre la forme d'un manque d'affection ou d'un sentiment d'insécurité dans la relation.

Exemple : Ils peuvent dire : "Si tu ne veux pas emménager avec moi dans cette maison, c'est tout à fait normal. Je savais que cette relation n'irait nulle part." Une telle déclaration vous fera ressentir le besoin de précipiter la relation ou de risquer de la perdre.

Remarquez s'ils menacent de se faire du mal si vous ne faites pas ce qu'ils disent.

Exemple : Votre partenaire peut dire : "Je sais que tu ne m'aimes pas ou que tu ne te soucies pas de moi ; sinon, tu ne refuserais pas de me donner de l'argent. Je suis un si mauvais mari. Je ne mérite plus de vivre."

Observez quand l'être aimé essaie de vous faire sentir coupable sans raison. Le maître chanteur peut essayer de vous accuser de lui faire du mal, même si vous n'avez rien fait. Méfiez-vous si cette culpabilité vous pousse à faire des choses pour lui, il peut s'agir d'un chantage affectif.

Exemple : Des déclarations comme "Tu ne fais jamais ce que je veux". ou "Mes amis disent que tu me négliges" peuvent vous faire sentir coupable.

Prenez note des moments où ils essaient de vous faire ressentir un sentiment de devoir. Dans une relation, vous avez une responsabilité envers votre famille, vos amis et votre partenaire. Cependant, si l'être aimé essaie de vous faire accepter un sens du devoir alors que vous ne le faites pas, il essaie de vous manipuler. En procédant ainsi, le maître chanteur essaie de vous convaincre d'assumer un rôle ou une responsabilité qui n'est pas la vôtre.

Exemple : Votre voisine peut vous demander de garder ses enfants gratuitement.

Méfiez-vous de leur stratégie de blâme. Il s'agit d'une forme de manipulation émotionnelle visant à vous faire faire ce qu'il veut. Il vous accusera de choses que vous n'avez pas faites.

Exemple : Votre femme a perdu son emploi à cause de son attitude négligente. Cependant, elle pourrait vous en vouloir en disant : "J'ai perdu mon emploi parce que tu ne m'as jamais acheté de meilleurs vêtements de travail."

Sachez quand votre proche fait passer ses besoins avant les vôtres. Cela montre qu'elle ne se préoccupe que d'elle-même et qu'elle attend donc de vous que vous répondiez à ses besoins.

Exemple : Si votre partenaire vous demande de quitter votre travail pour écouter ses problèmes, mais vous coupe la parole lorsque vous souhaitez vous épancher sur votre situation.

Étape 2 : Fixez vos limites

Ne leur donnez pas ce qu'ils veulent

Dire "oui" aux demandes du manipulateur ne fera que renforcer sa conduite. Même si leur menace semble insupportable, tenez bon et restez ferme. S'il continue à vous pousser, éloignez-vous pour prendre quelques instants pour vous. Demandez du soutien à un ami ou à un parent.

Faites preuve d'empathie envers leur situation, mais ne cédez pas à leurs exigences. S'il menace de vous faire du mal, appelez les services d'urgence. S'il menace de se faire du mal, appelez les secours et restez avec lui. Demandez-lui ce qu'elle ressent en ce moment.

Ne prenez pas leurs commentaires personnellement. Ignorez certaines choses qu'ils disent pour attirer l'attention, en poursuivant votre partie de la conversation comme s'ils n'avaient rien dit.

Dites-leur de clarifier leurs intentions

Cela vous aidera à déterminer toute attitude ou action inappropriée sans les blâmer ou les accuser. Cela les oblige également à exprimer clairement ce qu'ils veulent et vous permet de vous adresser à eux sans vous soucier de leurs menaces émotionnelles.

Indiquez clairement ce que vous acceptez et ce que vous refusez.

Le fait de fixer vos limites et d'en parler aux autres leur donne des indications sur la manière de se comporter avec vous. Dites-leur franchement que vous n'accepterez aucune tactique de manipulation. Au contraire, s'ils veulent quelque chose, ils doivent vous le dire clairement.

Vous pourriez dire : "Je ne t'écouterai pas si tu cries et hurles après moi. Je quitterai la pièce. Cependant, je suis prêt à t'écouter si tu parles d'un ton doux et calme."

Prenez leurs menaces de violence au sérieux

Il est important de prendre leurs menaces de violence au sérieux et d'appeler à l'aide, qu'ils menacent de vous blesser ou de se blesser eux-mêmes. S'il menace de vous faire du mal, retirez-vous immédiatement de la situation et, si nécessaire, appelez la police.

Ne vous tenez pas responsable de leurs sentiments et de leurs actions.

Ces personnes vous blâment pour vous faire sentir coupable et agissent comme si vous étiez responsable de leurs sentiments et de leurs actions. La vérité est qu'ils sont responsables de leurs sentiments, tandis que vous êtes responsable des vôtres.

Par exemple, il peut essayer de vous rendre responsable de sa mauvaise humeur et attendre de vous que vous l'arrangiez. Bien qu'il n'y ait rien de mal à remonter le moral d'une personne, elle ne doit pas vous manipuler pour cela. Votre responsabilité ne devrait pas tourner uniquement autour de cela. Vous pouvez faire preuve d'empathie et lui dire : "Je suis désolé que tu aies eu une mauvaise journée. Je ne peux pas le changer, mais j'aimerais passer une bonne soirée avec vous."

Donnez suite s'ils dépassent vos limites

Tout en fixant vos limites, il est également essentiel de décider des conséquences si quelqu'un les enfreint. Les maîtres chanteurs affectifs tenteront de tester vos règles. Vous devez donc rester ferme et faire ce que vous avez promis de faire s'ils enfreignent vos règles.

Si vous avez dit que vous appelleriez la police s'ils vous menaçaient violemment, faites-le. En agissant ainsi, vous leur faites comprendre que vos règles sont réelles et qu'ils les respecteront. Dans le cas contraire, ni vous ni vos limites ne seront reconnues, et vous ne ferez qu'encourager la manipulation de votre part.

Prenez une pause de la personne si le problème est grave.

Si votre proche continue à faire pression sur vous, votre santé émotionnelle en pâtira. Il est donc préférable de vous protéger et de passer du temps loin d'eux. Cela lui fera également comprendre que vous ne tolérerez pas les manipulations ou les mauvais comportements.

Étape 3 : Confronter la personne

Appelez-les lorsqu'ils vous accusent

Dites-leur que vous ne prendrez pas la responsabilité de leurs actions. Demandez-leur d'accepter la responsabilité de leurs actes et encouragez-les à résoudre leurs problèmes.

Vous pouvez dire : "Ce n'est pas ma faute si tu as oublié ton téléphone ce matin. Je suis désolé que tu aies dû rester sans ton téléphone au bureau aujourd'hui, mais tu dois accepter la responsabilité de tes actes."

Exprimez vos sentiments sur leur comportement

Comme les maîtres chanteurs affectifs sont davantage concentrés sur leurs sentiments, ils peuvent ne pas se rendre compte qu'ils vous font du mal. Il est donc de votre devoir de leur dire comment leurs actions vous affectent, que c'est vous la victime, pas eux.

Adopter un mode de communication non défensif

Si vous les blâmez ou les accusez en retour, ils seront sur la défensive et vous manipuleront davantage. Il sera alors difficile de résoudre le problème. Adoptez donc une manière non défensive de communiquer avec eux. Par exemple :

- Ne refusez pas immédiatement leurs plaintes.
- Prenez la parole à tour de rôle.
- Ne les accusez pas de quoi que ce soit.
- Ne soulignez pas leurs actions pour justifier les vôtres.

Utilisez des déclarations "je".

Lorsque vous lui faites remarquer son comportement, utilisez des formules du type "je" pour mettre l'accent sur ce que vous ressentez plutôt que de le blâmer. Cela réduit le risque qu'il se mette sur la défensive et s'éloigne de la conversation.

Demandez-leur de vous aider à résoudre le problème

Cela leur fait voir que vous êtes leur ami et non un ennemi, et ils peuvent passer de votre côté. Ils se sentent ainsi rassurés de savoir que vous ne les attaquez pas.

Vous pouvez dire : "Je sais que nous avons eu du mal à communiquer l'un avec l'autre. Je veux vraiment avoir une bonne relation avec toi. Penses-tu que nous pouvons travailler ensemble pour résoudre ce problème ?"

Étape 4 : Faire face à un proche manipulateur

Reconnaissez vos déclencheurs émotionnels

Vos proches, en particulier ceux qui vous sont les plus proches, ont une capacité particulière à vous manipuler car ils vous connaissent parfaitement. Ils connaissent les déclencheurs émotionnels qu'ils peuvent utiliser pour se glisser dans votre peau. Ces déclencheurs peuvent être :

- L'amour peut être utilisé pour vous adoucir.
- Colère et apathie.
- Des critiques pour vous faire sentir coupable de ne pas en faire assez pour eux.
- Leur souffrance.
- L'impuissance.
- Explosivité pour que vous ayez peur d'eux.

Écoutez leurs sentiments sans changer d'avis

Parfois, votre proche peut être en réelle détresse. Il est utile d'en parler avec lui et d'écouter ce qu'il ressent. Cependant, vous ne pouvez pas nécessairement lui donner ce qu'il veut. Sinon, vous risquez d'être manipulé.

S'éloigner de leurs crises de colère

Si ses actions sont incontrôlables, par exemple s'il pique une colère ou pleure sans arrêt, prenez une pause. Ils pensent qu'en étant aussi dramatiques, ils peuvent vous faire sentir mal et vous manipuler. Il est important de réaliser à ce moment-là que ce n'est pas vous qui les poussez à se comporter ainsi. Ils le font eux-mêmes.

Donnez-leur le bénéfice du doute lorsqu'ils se comportent bien.

Malheureusement, le chantage affectif peut vous rendre sceptique à l'égard de la personne que vous aimez, et vous commencez à douter de ses intentions, même si elle n'est pas manipulatrice. L'accuser de manipulation alors qu'il ne le fait pas peut nuire à votre relation.

Donnez l'exemple d'un bon comportement

Vous pouvez accidentellement apprendre à votre proche à faire du chantage affectif en faisant de même avec lui, notamment avec les enfants. Au contraire, montrez-leur l'exemple en vous comportant comme vous le souhaiteriez. Ayez une communication saine avec eux, soyez responsable de vos actes et suivez les règles familiales.

Par exemple, n'essayez pas de contrôler votre enfant en disant : "Tu as gâché mon humeur. Tu m'as rendu triste". Ne cassez pas leurs biens si vous vous sentez en colère.

La vie après les relations toxiques

Enfin, si toutes les méthodes pour faire face à une relation toxique ont échoué, vous devez mettre fin à cette relation. Il est naturel de se sentir abattu après cela, et de passer quelques jours à faire son deuil. Cependant, certaines personnes connaissent ce qu'on appelle le syndrome relationnel post-traumatique. Il s'agit d'un syndrome de santé mentale qui survient après avoir subi un traumatisme dans une relation intime. Ces sentiments peuvent vous empêcher de trouver une relation plus saine à l'avenir.

Signes du syndrome relationnel post-traumatique

1. Peur de prendre un autre engagement

Il est normal, et même sain, de prendre du temps, après la rupture d'une mauvaise relation, avant de s'engager dans une nouvelle relation. Si vous souhaitez chercher une autre relation mais que vous n'arrivez pas à vous y résoudre, il se peut que vous soyez encore sous le coup du traumatisme de la dernière relation. Vous doutez de vous et avez une faible estime de vous-même. Dans ce cas, demandez le soutien de vos amis ou même d'un conseiller pour trouver les moyens de surmonter le traumatisme et d'apprendre à faire confiance à nouveau.

2. Sentiment d'indignité ou de manque de confiance en soi

Si vous vous sentez abattu et sans valeur après une rupture, c'est un signe de traumatisme. Ces pensées sont un effet secondaire des mots durs de votre ex qui a pu vous manipuler à l'extrême et éroder votre estime de soi. Bien qu'il soit difficile de s'en défaire, il est possible de se débarrasser de ces pensées avec l'aide d'un thérapeute.

3. Se sentir coupable

Une fois la relation terminée, vous pousserez un soupir de soulagement. Mais après quelques jours, vous serez peut-être entouré de sentiments de culpabilité et de doutes sur vous-même. La relation toxique a créé une telle dépendance en vous qu'il est courant de se demander : "Ai-je fait ce qu'il fallait ?" ou "Était-ce vraiment ma faute ?". À ce stade, de nombreuses personnes se remettent avec leur ex pour faire disparaître ce malaise. Cela peut être bien dans certains cas, mais renouer avec un ex toxique ? Donnez-vous beaucoup de temps pour réfléchir à ce que vous avez vécu dans cette relation, et pour savoir si vous voulez vraiment vous remettre avec lui.

4. Sentiment d'isolement et de solitude

Un autre sentiment qui vous enveloppe après la rupture est le sentiment intense de solitude. Il y a un sentiment général de temps perdu, de jours, de mois et d'années de vie. Cela peut vous mettre dans un état très vulnérable. Il peut également conduire à des relations de rebond alors que vous luttez pour vous libérer de ces émotions négatives.

5. S'engager dans une autre relation malsaine

Si vous ne vous donnez pas le temps de vous remettre de la relation toxique, de traiter votre traumatisme ou d'apprendre les caractéristiques d'une relation saine, vous risquez de tomber immédiatement dans une autre relation tout aussi mauvaise.

6. Difficulté à laisser tomber

Il est courant de se sentir déprimé après une rupture, mais il est d'autant plus difficile de tourner la page après une rupture toxique. Vous pouvez vous concentrer sur des choses que votre ex a dites, essayer de rejouer ces scènes ou vous demander comment les choses auraient pu être différentes.

Il est possible de détourner votre attention de votre ex, de vous concentrer sur vous-même et de remplir votre cerveau de pensées plus saines et positives. Demandez l'aide de vos amis ou d'un thérapeute qualifié qui pourra vous aider à résoudre les problèmes que vous rencontrez pour le laisser partir.

7. Avoir des pensées intrusives

Ce n'est pas grave si vous avez des pensées sur votre ex ou sur ce qui a mal tourné de temps en temps. Mais vérifiez si ces pensées ne vous obsèdent pas. Cela peut vous faire douter de vos choix en matière de relations, et vous aurez du mal à faire confiance au processus de construction d'une relation. Il vous sera difficile de faire confiance à votre instinct sur les autres. Tout cela conduit à la distraction, à des actes impulsifs, à un sommeil perturbé ou à des pleurs et une irritabilité constants. Consulter un thérapeute sera le bon choix pour vous aider à aller de l'avant.

8. Sentiment de méfiance dans les nouvelles relations

Lorsque vous vous lancez dans une nouvelle relation sans vous être débarrassé des blessures du passé, il est courant de s'attendre à ce que ces mauvaises choses se reproduisent. Après avoir quitté une relation toxique, vous vous surprenez souvent à vous méfier de vos amis, de votre famille ou de vos nouvelles relations.

Prendre conscience de cette tendance est la première étape de la guérison. Vous devez être conscient si vous sentez quelque chose de négatif dans les nouvelles relations, mais aussi si vous qualifiez une simple erreur de votre nouveau partenaire de quelque chose de néfaste. Cela peut gâcher votre nouvelle relation.

Parlez-en à votre thérapeute ou à un proche pour vous aider à surmonter les marques du traumatisme et à gérer ces problèmes de confiance.

9. Sentiment d'insécurité

Le traumatisme de la relation toxique passée peut également vous rendre peu sûr de vous, et vous pouvez vous retrouver à vous excuser fréquemment auprès de votre nouveau partenaire. Lorsque vous avez vécu une relation toxique, vous développez des schémas d'adaptation pour limiter les disputes au minimum. La plupart de ces stratégies consistent à s'excuser et à s'excuser pour vos pensées, vos sentiments et vos actions. Cela conditionne votre esprit à croire qu'en vous excusant, vous pouvez contrôler la réaction de votre partenaire. Et vous continuez à faire de même avec le nouveau partenaire pour vous protéger de la blessure subie précédemment.

10. Sentiments d'anxiété

Soyez attentif à tous les signes de stress que vous pouvez avoir, en particulier ceux liés à vos relations. Le syndrome relationnel post-traumatique découle principalement de la peur et de la méfiance dans les relations.

Il peut y avoir de nombreuses autres causes d'anxiété. Ne concluez donc pas trop vite que vous avez vécu une relation toxique ou que vous avez été traumatisé simplement à cause de ce sentiment d'anxiété. Si elle correspond à ce que vous avez vécu dans le passé, elle pourrait probablement en être la cause. Demandez un traitement à un thérapeute si nécessaire.

11. Avoir des flashbacks et des cauchemars

Il est possible d'avoir des flashbacks de moments passés ou de se réveiller en sueur après un mauvais rêve après avoir quitté la relation toxique. Vous pouvez avoir des accès de colère et de tristesse, ou des vagues de doute sur vous-même, et prendre une trop grande part de responsabilité dans ce qui s'est passé.

Comme tout cela n'est pas sain pour vous, il est important de chercher de l'aide et du soutien dès que possible. Cela vous aidera à dépasser le traumatisme et à créer des relations plus saines à l'avenir.

Comment conserver sa grâce après une mauvaise rupture ?

La conséquence la plus grave de la rupture d'une relation toxique est que vous pouvez perdre tout votre calme et essayer de blesser votre ex de la même manière qu'il vous a blessé. Cependant, vous pouvez empêcher que tout cela ne vous arrive ; gérez votre rupture avec grâce en suivant les étapes suivantes.

Rappelez-vous de ne pas être en mode attaque après la rupture. Il est naturel de ressentir le désir de se venger de quelqu'un, mais cela ne fait que créer un cycle d'interactions malveillantes dont il sera difficile de se remettre. Reconnaissez plutôt votre blessure et prenez le temps de vous en remettre.

Admettez vos sentiments négatifs après la rupture et gérez-les sainement plutôt que de les nier derrière un faux masque de force.

N'utilisez jamais votre vulnérabilité pendant cette période pour exercer un chantage émotionnel sur votre ex. Cela ne fera qu'inviter la culpabilité et le ressentiment. Vous devrez prendre vos responsabilités pour vous rétablir et retrouver votre force émotionnelle.

Prenez vos distances avec votre ex pour prendre le temps de vous remettre. Évitez ses endroits préférés, les endroits que vous aimez tous les deux, et rencontrez vos amis communs séparément. Broyer du noir sur votre relation ne fera qu'aggraver votre douleur.

Respectez les secrets de votre ex et ne les révélez pas à vos amis pour vous venger de ce qu'il a fait. N'oubliez pas que vos secrets sont en possession de votre ex-partenaire et qu'il peut faire la même chose avec vous.

N'annoncez pas votre rupture et vos sentiments négatifs sur les médias sociaux. Évitez de poster des chansons tristes et des mises à jour de statut cryptiques sur les médias sociaux. Ne laissez pas votre état intérieur ternir votre image sur les médias sociaux.

Vous pouvez vous sentir coupable et avoir du ressentiment après la rupture. Cependant, ne laissez pas ce ressentiment influencer vos décisions dans le présent et pour l'avenir. En fait, ne vous focalisez pas sur le ressentiment mais sur la guérison de ces blessures.

Trouvez un ami ou un système de soutien où vous pourrez exprimer vos émotions - colère, rage, tristesse, vulnérabilité, etc. Trouvez également une activité pour convertir cette rage en quelque chose de positif. Il peut s'agir d'une activité artistique ou d'une séance de gymnastique.

Évitez les ragots sur votre rupture dans votre groupe social. Ne révélez pas les détails à tout le monde. Gardez les choses confidentielles en ne les révélant qu'à un petit groupe d'amis de confiance.

Après la rupture, il est naturel que votre ex se comporte comme un con, qu'il refuse de vous rendre vos affaires, qu'il dise du mal de vous à ses amis ou qu'il ait d'autres comportements odieux. Contrez son comportement avec calme, gentillesse et dignité.

Résumé du chapitre

1. La jalousie, la possessivité et d'autres sentiments malsains sont souvent pris à tort pour de la romance ou de l'amour.
2. Dans une relation amoureuse, il y a certaines choses qui semblent innocentes mais qui peuvent être du chantage affectif. S'ils veulent tout savoir sur vous immédiatement, s'ils soulignent vos défauts qui n'existent pas, s'ils essaient de vous punir après une dispute, s'ils vous testent ou comptabilisent toutes les bonnes actions qu'ils ont faites pour vous, s'ils se tournent vers vous pour tout, ou s'ils veulent être votre tout.
3. Vous pouvez savoir si vous êtes dans une relation d'amour avec votre partenaire ou si vous êtes simplement attaché. Lorsque vous êtes amoureux, vous réduisez votre ego, vous favorisez la croissance de l'autre, vous êtes aimant et vous n'êtes pas égocentrique.

4. En revanche, si la relation est basée sur l'attachement, elle sera dominée par l'ego. Vous vous concentrerez sur la façon dont votre partenaire peut vous rendre heureux, et vous deviendrez trop dépendant de lui pour résoudre les problèmes de votre vie.

5. Pour faire face au chantage affectif dans les relations, soyez conscient des signes avant-coureurs, fixez vos limites, soyez ferme et, si la situation devient incontrôlable, rompez avec cette relation toxique.

6. Il est naturel de se sentir abattu après avoir mis fin à une relation avec un être cher. Acceptez l'aide d'un thérapeute qualifié pour surmonter les sentiments négatifs, les vulnérabilités, la rage et la peur qui vous enveloppent pendant cette période.

Dans le prochain chapitre, vous apprendrez....

- Qu'est-ce que la codépendance ?
- Les signes que vous êtes dans une relation de codépendance.
- Le lien avec les sociopathes, les psychopathes et les narcissiques.
- Parents codépendants.

CHAPITRE SIX :

Codépendance

Qu'est-ce que la codépendance ?

La codépendance est un état dans lequel vous dépendez d'autres personnes pour votre satisfaction émotionnelle et pour l'accomplissement de vos fonctions quotidiennes et psychologiques, essentielles ou non.

En bref, les personnes codépendantes sont dans le besoin, exigeantes et soumises. Elles ont toujours peur que les autres les abandonnent. Par conséquent, elles s'accrochent à eux et se comportent de manière immature. Les codépendants peuvent aller jusqu'à tous les extrêmes pour sauvegarder leur relation avec leur compagnon. Ils peuvent même se laisser abuser ou maltraiter, mais resteront attachés à leur relation.

Ainsi, en acceptant le rôle de victime, les codépendants contrôlent leurs abuseurs et les manipulent.

Types de codépendance

Il existe 4 types de comportements codépendants basés sur la cause profonde de leur codépendance :

La codépendance pour repousser la peur de l'abandon.

Ces personnes ne supportent pas que leurs amis, leur conjoint ou les membres de leur famille les abandonnent ou qu'ils atteignent une véritable autonomie et indépendance. En conséquence, elles sont collantes, sujettes à la panique, étouffantes et font preuve d'une soumission auto-annihilante.

La codépendance pour faire face à la peur de perdre le contrôle.

Ces personnes feignent d'être dans le besoin et d'être impuissantes, et font en sorte que les gens répondent à leurs besoins, à leurs souhaits et à leurs exigences. Ce sont des "reines du drame", elles refusent de mûrir sur le plan émotionnel et obligent leurs proches à les traiter comme des personnes invalides sur le plan émotionnel et physique. Ces types de co-dépendants utilisent le chantage émotionnel et même les menaces pour s'assurer la présence et la conformité de leurs proches.

Codépendants vicariants

Les codépendants vicariants vivent à travers les autres. Ils sacrifient leurs propres besoins, opinions et exigences au profit des autres, unique-ment pour obtenir leur approbation et les garder dans leur vie pour tou-jours. Également connues sous le nom de narcissiques inversés, ces personnes ont envie d'être dans une relation avec un narcissique, même s'il les maltraite. Elles recherchent activement des relations avec des nar-cissiques et UNIQUEMENT des narcissiques. Elles se sentent vides et malheureuses dans une relation avec tout autre type de personne.

Signes que vous êtes dans une relation de codépendance

Il est parfois difficile de savoir si vous êtes dans une situation de codépendance. Cependant, si vous vous trouvez dans une relation et que vous comptez exclusivement sur elle pour vous sentir mieux ou heureux, vous êtes probablement dans une relation de codépendance. Les senti-ments que vous associez à une telle relation sont en fait de l'engouement plutôt que de l'amour. Ces sentiments sont plus forts que les sentiments normaux associés au fait de voir ou d'entendre votre partenaire. C'est un état d'euphorie.

Une relation de codépendance est comme une dépendance. Elle s'empare de vous bien avant que vous ne vous en rendiez compte. Con-sidérez les points suivants pour savoir si vous êtes dans une relation de codépendance :

- Vous arrive-t-il souvent de vous excuser ou de trouver des excuses pour l'attitude et les actions de votre partenaire en public ou devant des amis ou des parents ?
- Avez-vous peur de parler de vos opinions ou de vos préoccupations devant votre partenaire ?
- La présence de votre partenaire vous donne-t-elle un sentiment de dévalorisation ?
- Votre partenaire vous manque-t-il de respect ?
- Votre partenaire est-il jaloux de vos réalisations ? Essaie-t-il/elle de vous démoraliser, de vous critiquer ou de vous faire sentir mal dans votre peau ?
- Avez-vous l'impression que votre partenaire est trop dépendant de vous et ne peut pas fonctionner sans vous ?
- Votre partenaire menace-t-il(elle) de se faire du mal si vous essayez de quitter la relation ?
- L'attention sexuelle est-elle interprétée par vous comme de l'amour ou de l'affection ?

Si vous avez répondu "oui" à l'une ou à toutes ces questions, vous êtes peut-être dans une relation de codépendance. Cependant, la codépendance est souvent une voie à double sens. Non seulement votre partenaire, mais aussi *vous-même* pouvez être l'auteur d'habitudes codépendantes.

Lorsque vous êtes codépendant, vous souffrez d'une faible estime de vous-même et vous présentez des états psychologiques passifs-agressifs ou contrôlants. Par exemple, au lieu de dire à votre partenaire ce que vous ressentez à propos d'une chose particulière, vous réagissez en l'ignorant ou en vous en prenant à lui. Vous pouvez également réagir de manière excessive à des questions insignifiantes ou utiliser un langage abusif pour contrôler les autres.

8 signes avant-coureurs d'une relation de codépendance

1. Vous commencez à combler les lacunes

Dans une relation de codépendance, une personne commence à assumer l'entière responsabilité de garder le contact. Si l'un des partenaires commence à réduire le temps, l'énergie et les soins qu'il donne, l'autre partenaire commence instinctivement à combler le vide en faisant plus d'efforts pour rester en contact.

2. Désir de "réparer" votre partenaire

Les personnalités codépendantes font plaisir aux gens ; elles s'épanouissent en aidant les autres ou en pensant même à les "réparer".

3. Vous perdez vos limites

Les personnes codépendantes sont trop généreuses. Elles ressentent continuellement le besoin de donner aux autres, même au détriment de leurs propres besoins. Elles se sentent trop responsables des autres ou se soucient trop d'eux. Cependant, dans la compulsion de donner, elles négligent souvent leurs limites et laissent même les autres s'y immiscer.

4. Vous n'avez pas de vie indépendante

Lorsque vous devenez si dépendant de quelqu'un que vous perdez qui vous êtes réellement ou l'essence qui vous rend unique, vous êtes dans le piège d'une relation de codépendance.

5. Vous perdez les contacts avec vos amis et votre famille

Lorsque vous commencez à perdre le contact avec vos proches ou ceux qui sont importants pour vous, c'est le signe de quelque chose de grave. Vous vous concentrez avant tout sur votre partenaire, mais cela ne doit pas être au point de vous isoler des personnes qui étaient auparavant importantes pour vous. Vous devez en être conscient et l'envisager sérieusement ; sinon, vous deviendrez de plus en plus dépendant de votre partenaire. Parfois, si vous décidez que vous n'êtes pas faits l'un pour l'autre, vous chercherez vos anciens amis mais n'en trouverez aucun.

6. Vous devez toujours demander l'approbation

Si vous avez l'impression que vous devez obtenir la permission de votre partenaire pour les choses les plus élémentaires de la vie quotidienne ou que vous ne pouvez pas prendre de décision sans lui, vous êtes très probablement dans une relation de codépendance. Si vous aviez une grande confiance en vous au début de la relation, mais qu'avec le temps, vous avez commencé à douter de vous et à devenir indécis, vous pourriez être dans une relation codépendante abusive.

7. Votre partenaire a des habitudes malsaines

L'un des signes précurseurs d'une relation de codépendance est l'adoption répétée d'habitudes malsaines, comme la consommation excessive d'alcool ou la frénésie alimentaire. L'autre personne se joint à elle ou l'encourage pour ses propres raisons.

Exemple : Sara savait que son petit ami était pré-diabétique et devait arrêter de manger des sucreries. Pourtant, elle ne l'a jamais accepté en raison des bons sentiments que lui procurait l'appréciation de ses recettes par son petit ami. Ainsi, bien qu'elle connaisse la vérité, Sara a continué à promouvoir la mauvaise alimentation de son petit ami afin de se sentir bien.

8. Vous cherchez toujours à vous rassurer

Posez-vous ces questions :

- Est-ce que vous ou votre partenaire avez toujours peur que l'autre personne rompe la relation ?
- L'un d'entre vous a-t-il besoin de l'assurance constante qu'il est aimé ?
- Est-ce que l'un d'entre vous crée des tests pour attirer l'attention de l'autre ?

- L'un d'entre vous flirte-t-il avec des personnes extérieures à la relation pour susciter la jalousie de l'autre, de sorte que, si l'un d'entre vous menace de partir, on peut le supplier de rester ?
- Évitez-vous les conversations directes sur l'état de votre relation ?
- Avez-vous du mal à rester seul ?
- Votre relation est extrêmement tendue, et vous aimez tous deux le drame des ruptures et des retrouvailles ?

Si vous avez répondu "oui" à l'une de ces questions, vous êtes probablement dans une relation de codépendance.

Si votre relation est saine, vous célébrerez les réalisations de l'autre, vous vous respecterez l'un l'autre même si vos opinions diffèrent et vous vous sentirez à l'aise pour exprimer vos pensées l'un envers l'autre. Vous vous sentirez aimés et appréciés, heureux en compagnie de l'autre en public, respectueux de la vie privée de l'autre et confiants l'un envers l'autre.

À l'inverse, si vous êtes dans une relation de codépendance, vous serez jaloux de ses réalisations, vous craindrez de lui faire part de vos sentiments, vous lui refuserez votre affection, vous l'espionnerez et vous éprouverez du ressentiment et des soupçons à son égard.

La codépendance présente certains symptômes communs à la dépendance, comme le déni, une faible estime de soi, l'incapacité à respecter ou à fixer des limites, une communication dysfonctionnelle et des attitudes de contrôle.

Comprendre le lien de codépendance avec les sociopathes, les psychopathes et les narcissiques

À la lecture de ce qui précède, on pourrait presque croire que la codépendance est une maladie. Cependant, il s'agit d'une condition émotionnelle et comportementale qui est stockée dans votre subconscient. Elle affecte votre capacité à avoir une relation saine avec les autres.

Les psychothérapeutes qualifient la codépendance de "dépendance relationnelle". Et, tout comme une dépendance, une relation de codépendance est basée sur l'insécurité, le déni, le contrôle et la manipulation.

Une personne dépendante peut menacer de se faire du mal si son partenaire pense à mettre fin à la relation avec elle, ou utiliser d'autres formes de chantage affectif pour contrôler son partenaire. La personne piégée dans une relation de codépendance, ou celle qui joue un rôle passif, finit souvent par faire de plus en plus d'efforts pour plaire à son partenaire et met de côté ses propres besoins.

Pour comprendre le lien entre la codépendance et les sociopathes, psychopathes et narcissiques, il est important de comprendre ces trois types de personnalités.

Qui est un sociopathe ?

Le terme "sociopathe" est utilisé pour décrire une personne souffrant d'un trouble de la personnalité antisociale. Ces personnes ne peuvent pas comprendre les sentiments d'autrui. Elles enfreignent les règles ou agissent par impulsion, sans se sentir coupables de leurs actes. Les sociopathes utilisent également des "jeux d'esprit" pour contrôler leurs amis, leur famille, leurs collègues et leurs partenaires. Pour qualifier quelqu'un de sociopathe, sa psychologie doit montrer au moins trois de ces sept traits :

1. Aucun respect des normes sociales ou des lois.
2. Dire des mensonges, tromper les autres, utiliser de fausses identités, et utiliser les autres pour un gain personnel.
3. Se comporter sans penser aux conséquences.
4. Montre un comportement agressif et se bagarre avec les autres à chaque occasion.
5. Ne tient pas compte de sa sécurité ou de celle des autres.
6. Ils ne donnent pas suite à leurs responsabilités personnelles ou professionnelles.
7. Ne vous sentez pas coupable de blesser ou de maltraiter les autres.

Qui est un psychopathe ?

Le terme "psychopathe" fait également référence au trouble de la personnalité antisociale. Il est donc souvent utilisé de manière interchangeable avec celui de sociopathe. Les deux descriptions sont utilisées sous le terme générique de trouble de la personnalité antisociale (TPA).

Les signes courants d'un état mental psychopathique comprennent :

1. Comportement socialement irresponsable.
2. Aucun intérêt pour les droits des autres.
3. Incapacité à faire la différence entre le bien et le mal.
4. Difficulté à faire preuve d'empathie envers les autres.
5. Tendance à mentir.
6. Manipuler et blesser les autres.
7. Problèmes récurrents avec les lois sociales.
8. Le mépris de la sécurité et de la responsabilité.

Qu'est-ce que le trouble de la personnalité narcissique ?

Le trouble de la personnalité narcissique est utilisé pour décrire un individu qui est excessivement imbu de lui-même. Il peut être perçu à tort comme de l'amour de soi, mais il ne s'agit pas d'un amour de soi sain. Les personnalités narcissiques ont besoin d'une admiration constante et se considèrent comme meilleures que quiconque.

Elles sont amoureuses de cette image de soi gonflée ou exagérée qui masque souvent de profonds sentiments d'insécurité. Elles font preuve d'un comportement égocentrique, d'un manque d'empathie et de considération pour les autres, et d'un besoin excessif d'admiration. Cette façon de penser et de se comporter se retrouve dans tous les domaines de la vie : travail, amis, famille et relations amoureuses.

Signes et symptômes du trouble de la personnalité narcissique

1. Sens grandiose de l'importance de soi.
2. Ils pensent qu'ils sont meilleurs que tout le monde et qu'ils doivent être reconnus comme tels, même s'ils n'ont rien fait pour le mériter.
3. Ils exagèrent ou mentent sur leurs réalisations et leurs talents.
4. Les personnalités narcissiques vivent dans un monde de rêve, avec des fantasmes d'autoglorification d'un pouvoir, d'un succès, d'une brillance et d'une attractivité illimités.
5. Les narcissiques ont besoin d'une admiration constante pour nourrir leur ego. Ils s'entourent donc de personnes qui alimenteront leur besoin obsessionnel.
6. Ils s'attendent à ce que les faveurs des autres soient leur dû, leur droit de naissance.
7. Ils attendent des autres qu'ils se plient toujours à leurs caprices et à leurs fantaisies.
8. Si vous ne les admirez pas ou ne les félicitez pas, ils considéreront cela comme une trahison.
9. Ils considèrent les personnes qui font partie de leur vie comme des objets destinés à répondre à leurs besoins et ne peuvent éprouver d'empathie pour personne.
10. Ils se sentent menacés par les personnes qui ont confiance en elles, qui sont populaires ou qui les défient de quelque façon que ce soit.
11. Ils ont recours à l'intimidation, aux insultes, aux injures et à la culpabilité pour obliger les autres à se conformer à leurs besoins.

Malgré tous ces défauts, les narcissiques ont souvent une personnalité charmante et magnétique. Il leur est très facile d'attirer les autres en créant une image de soi fantaisiste et flatteuse. Leur confiance apparente et leurs rêves nobles sont souvent assez séduisants pour envoûter n'importe qui. Pourtant, il est sage de se méfier de ces personnes.

Si vous pensez que les personnages narcissiques peuvent combler votre désir de vous sentir plus important, plus vivant, vous vous trompez très probablement. En général, il ne s'agit que d'un fantasme avec 0 % de réalité.

Comment la codépendance est-elle liée aux sociopathes, aux psychopathes et aux personnalités narcissiques ?

Les codépendants n'ont pas une relation saine avec eux-mêmes. Ils ont tendance à faire passer les autres avant eux. Elles dépendent tellement des autres pour leur satisfaction émotionnelle qu'elles mettent de côté leurs propres besoins pour préserver leur relation.

Ainsi, les personnes codépendantes sont des cibles vulnérables pour les personnalités sociopathes, psychopathes et narcissiques. Comme ces personnalités se considèrent comme supérieures à tout le monde, elles utilisent et exploitent les personnes codépendantes sans aucune culpabilité ni remords.

Les codépendants et les sociopathes/psychopathes/narcissiques se retrouvent comme les deux pièces d'un puzzle. Lorsque l'un est extrêmement généreux, et l'autre extrêmement exigeant, ils forment le duo parfait de l'agresseur et de la victime.

Parents codépendants

La codépendance n'existe pas nécessairement entre un petit ami et une petite amie ou un mari et une femme. Elle peut également exister entre un parent et un enfant. La nature soignante des relations parents-enfants rend souvent difficile la détection de la codépendance.

Cependant, voici quelques signes qui pourraient indiquer des parents co-dépendants :

Mentalité de victime chez les parents

Un parent codépendant croit que d'autres personnes, en particulier ses enfants, sont responsables des torts qui leur ont été causés dans la vie, et qu'il attend donc d'eux qu'ils paient la compensation. Ainsi, ils font souvent preuve de tactiques de culpabilisation pour attirer la sympathie de leurs enfants. Au lieu de faire face aux problèmes et aux traumatismes de sa vie et de chercher une solution positive par le biais d'un conseil ou d'une thérapie, le parent codépendant s'accroche à l'enfant et lui demande une compensation.

Par exemple, un père qui n'a pas pu obtenir de meilleurs résultats sportifs peut exiger de son fils qu'il excelle dans le sport et compense ainsi sa perte. Si l'enfant refuse, il utilisera la manipulation et la culpabilité pour l'obliger à s'exécuter.

Le parent codépendant n'a jamais tort

Deux personnes dans une relation ne peuvent pas avoir raison tout le temps. Mais dans une relation codépendante parent-enfant, le parent a toujours raison, du moins le parent le pense. Même lorsque l'enfant devient adulte, le parent refuse d'aborder une discussion avec ouverture et évite ainsi la possibilité d'avoir tort. Au lieu de cela, le parent essaiera d'imposer son point de vue à l'enfant adulte et de le "corriger".

Un tel parent n'écoute jamais les sentiments et les problèmes de l'enfant ; il n'apprend jamais à connaître la personnalité de son enfant, craignant qu'il s'agisse d'un défi à son autorité.

S'il s'avère que le parent codépendant a tort, il ne s'excusera jamais ou, s'il le fait, il ne le fera pas sincèrement. Un parent codépendant veut une domination absolue sur l'enfant, et toute faiblesse de sa part menacera cette domination.

Le parent codépendant est extrêmement émotif

Les pleurs, les cris et le traitement silencieux sont les armes préférées d'un parent codépendant. Lorsqu'il a l'impression de perdre le contrôle d'une situation ou de ne pas avoir le dessus dans une dispute, il a recours aux pleurs, aux cris et à d'autres formes d'intimidation pour retourner la situation en sa faveur.

Si vous leur faites remarquer leurs manières manipulatrices, ils vous accuseront d'être insensible. De plus, si l'enfant pleure ou exprime sa douleur, le parent codépendant s'énerve davantage, affirmant souvent que la détresse de l'enfant n'est pas sincère et qu'il s'agit d'une manipulation.

Le parent codépendant est peu à l'écoute.

Le parent codépendant ne souffre pas d'un trouble de l'audition ; néanmoins, il est un piètre auditeur car il n'écoute jamais/considère l'opinion d'autrui. Parler à un parent codépendant peut donner l'impression de "parler à un mur de briques".

Si l'argument ou la discussion est valable, même si vous présentez des faits irréfutables, le parent codépendant les niera et ne bougera pas de sa position. Il changera le sujet de la discussion pour l'éloigner du point réellement abordé.

Le parent codépendant imite vos mots et vos phrases.

Si un enfant exprime ses sentiments à un parent codépendant, l'adulte les imitera. Par exemple, si l'enfant dit que le parent le contrarie, le parent lui rendra la pareille en disant : "Tu me fais de la peine."

Quelle que soit la préoccupation exprimée par l'enfant, le parent codépendant va la transformer et l'adopter comme sienne. Si on le lui fait remarquer, le parent l'ignorera, se mettra en colère ou agira de façon déconcertante et confuse.

Le parent codépendant a des sautes d'humeur

Le parent codépendant passe rapidement d'une humeur à l'autre pour éviter toute responsabilité et toute culpabilité. Cela se produit surtout lorsque ses tactiques de manipulation ont réussi à obtenir la conformité de l'enfant.

Par exemple, une mère appelle sa fille à l'université et lui reproche de ne pas téléphoner assez souvent. Ses tactiques de manipulation peuvent finir par amener la fille à lui obéir et à téléphoner plus souvent. Une fois que la mère y est parvenue, pour conserver sa victoire et son rôle de victime, elle peut dire : "Non, c'est bon. Tu n'as pas besoin de m'appeler souvent. Tu le feras seulement parce que je te l'ai demandé".

Dans ce cas, la fille sera persuadée non seulement de l'appeler davantage, mais aussi de la rassurer en lui disant qu'elle le fait de son plein gré.

Les parents codépendants veulent contrôler à tout prix.

Le contrôle est l'objectif final recherché par tous les parents codépendants. Ils attendent de leurs enfants de l'amour et de la dévotion pour compenser le manque dans d'autres relations. Souvent, le parent codépendant cherche à obtenir de son enfant l'amour et l'attention qu'il n'a pas reçus de ses parents.

Le parent codépendant cherche à exercer un contrôle même sur l'enfant adulte. S'il devient évident qu'il n'y parviendra pas, il s'ensuit souvent une crise de nerfs. Lorsque l'enfant adulte refuse de donner au parent ce qu'il veut, celui-ci tentera de le contrôler en se culpabilisant, en paraissant fragile, en jouant les victimes ou en utilisant des stratégies agressives.

Le parent codépendant utilise une manipulation subtile

Parmi les exemples de manipulation subtile, citons le traitement silencieux, les commentaires passifs-agressifs, la négation des actes répréhensibles et la projection. Le parent codépendant utilise toutes ces formes de manipulation pour que l'enfant ne sache plus qui est le vrai méchant.

Les parents codépendants sont souvent inconscients de leurs manipulations. Ils croient qu'ils agissent dans l'intérêt de leur enfant. Lorsque vous leur reprochez leur manipulation, ils sont sincèrement et profondément blessés et déconcertés.

Un parent codépendant manipule généralement, non pas parce qu'il *le veut*, mais parce qu'il *le doit*. C'est parce qu'il ne connaît pas d'autre moyen de communiquer avec son enfant adulte. Il manipulera donc les finances, les émotions, la culpabilité ou toute autre méthode imaginable pour maintenir sa relation de codépendance.

Que faire si vous avez un parent codépendant ?

La bonne façon de traiter avec ces parents dépend de la gravité de la situation. Dans certains cas, vous devrez peut-être mettre complètement fin à la relation. Dans d'autres, vous devez établir vos règles, les imposer soigneusement et peut-être chercher un thérapeute familial pour vous aider à maintenir une relation saine avec eux.

Résumé du chapitre

1. La codépendance est la dépendance mentale et émotionnelle à l'égard des autres. Également connue sous le nom de "dépendance relationnelle", elle vous rend exigeant, soumis et vous fait vivre dans la crainte d'être abandonné par l'être aimé.
2. Les codépendants sont des cibles ou des victimes vulnérables de la manipulation émotionnelle parce qu'ils permettent à l'agresseur de les contrôler de peur qu'il ne quitte la relation.

3. Si vous comptez exclusivement sur une relation particulière, qu'il s'agisse de vos parents, de votre conjoint, d'un ami ou d'un amant, pour vous sentir mieux et heureux, vous êtes peut-être dans une relation de codépendance.

4. Les deux partenaires d'une relation de codépendance sont souvent jaloux des réalisations de l'autre, ont peur de parler de leurs sentiments l'un à l'autre ou s'espionnent mutuellement par méfiance.

5. Une relation de codépendance est basée sur l'insécurité, le déni, le contrôle et la manipulation.

6. Les sociopathes ou les psychopathes sont les termes utilisés pour désigner les personnes souffrant d'un trouble de la personnalité antisociale. Ces personnes ne se soucient pas des normes sociales et adoptent un comportement socialement irresponsable sans penser aux conséquences ou aux sentiments et à la sécurité des autres.

7. Les narcissiques ont un ego démesuré et se croient supérieurs à tous les autres. Ils ont besoin des louanges et de l'admiration des autres.

8. Les personnes codépendantes et les sociopathes/psychopathes/narcissiques ont tous deux une relation malsaine avec eux-mêmes. L'une fait passer les autres avant elle, tandis que l'autre se fait passer avant les autres. Les deux s'imbriquent en tant qu'abuseur et victime, tout comme les deux pièces d'un puzzle.

9. La codépendance peut également exister entre un parent et un enfant.

10. Un parent codépendant rend son enfant responsable de son malheur et attend de lui qu'il compense en se pliant à toutes ses exigences.

11. Le parent codépendant pense qu'il a toujours raison et tente d'imposer ses vues à l'enfant. Il utilise les pleurs, les cris ou le traitement silencieux pour prendre l'avantage dans toute dispute.

12. Les parents codépendants écoutent mal et ne prennent jamais en compte les sentiments et les opinions de leurs enfants. Ils présentent également des sautes d'humeur rapides pour éviter toute responsabilité et toute culpabilité.

13. Les parents codépendants souhaitent toujours contrôler leur enfant, et utilisent une manipulation subtile pour y parvenir.

14. Dans les cas bénins de parents codépendants, vous devez fixer vos limites, les imposer fermement et chercher un thérapeute familial pour vous aider à surmonter le problème.

15. Si le problème est insoluble, il est préférable de mettre fin à la relation avec les parents codépendants.

Dans le prochain chapitre, vous apprendrez....

- Comment éviter le chantage émotionnel.
- Comment vaincre le chantage émotionnel.
- Des techniques de communication non défensives pour mettre fin au chantage émotionnel.
- Développer les limites et la résilience mentale.

CHAPITRE SEPT

Faire face au chantage émotionnel

Le chantage affectif n'est pas une expérience agréable, mais malheureusement, beaucoup d'entre nous y succombent à différentes étapes de leur vie. La vérité est qu'il existe de nombreuses personnes prêtes à s'attaquer à vous et à vous exploiter à leur avantage. Il est essentiel que vous connaissiez le chantage affectif, les tactiques utilisées et les endroits où vous pouvez trouver ces personnalités parasites.

Après avoir discuté de tout cela, nous en arrivons à la partie la plus intéressante et la plus significative. Il s'agit de savoir comment gérer le chantage affectif.

Voici le guide ultime pour faire face au chantage affectif :

Reconnaître les situations de drapeau rouge

Les situations de drapeau rouge pointent absolument, sans aucun doute, vers un chantage émotionnel. Prendre conscience de ces situations est la première étape pour faire face à la menace et la rendre impuissante.

Demandez-vous si vous vous retrouvez à vous excuser pour vos actions même si vous n'aviez pas tort ou si vous n'étiez pas en faute ? Observez si votre partenaire est toujours prêt à accepter un "non" comme réponse. Vous arrive-t-il de céder aux désirs de votre conjoint ou partenaire au détriment des vôtres ? Vous avez peut-être remarqué que c'est toujours vous qui semblez faire les sacrifices et les compromis dans votre relation. Pire encore, votre conjoint ou partenaire vous intimide-t-il ou vous menace-t-il pour que vous vous pliez à ses exigences ?

Connaître la tactique typique du chantage émotionnel

Les personnes qui emploient ces tactiques utilisent la peur>l'obligation>la culpabilité comme leur moyen préféré pour obtenir ce qu'elles veulent.

Dans un premier temps, le maître chanteur essaie de rendre la victime craintive, en colère ou déçue. La cible se sent ainsi obligée de répondre à ses exigences. Si la victime n'obtempère toujours pas, le manipulateur lui insuffle un sentiment de culpabilité pour ne pas avoir respecté les souhaits de l'agresseur.

Tout cela est fait de manière très subtile pour faire appel à la sensibilité de la victime. Ils jouent la manipulation de manière à ce que la victime pense que leurs demandes sont raisonnables et qu'elle devrait les accepter.

Si vous vous sentez victime de cette technique FOG, demandez à un ami proche ou à un parent de vous donner une perspective différente de la relation, et de vous dire ce qu'il voit ou ressent de l'extérieur.

Sachez si vous êtes vulnérable

Les personnes qui ont du mal à dire "non" sont les plus sensibles au chantage affectif. Si vous êtes l'une d'entre elles, permettez-vous d'être à l'aise avec l'idée de refuser. Pensez au ton et aux mots que vous utiliserez pour signifier votre autonomisation et dire "non" à la manipulation des autres à l'avenir.

Comment arrêter le chantage émotionnel ?

1. Il y a des moments où vous devez donner la priorité à vos désirs, besoins et préférences sur ceux de votre partenaire.
2. Défendez votre vérité, vos vues et vos opinions, et devenez plus sûr de vous et plus protecteur.

3. Définissez clairement les limites de ce que vous acceptez et de ce que vous refusez. Les limites ne doivent en aucun cas être dépassées.

4. Réalisez que votre bien-être passe avant tout, même si vous aimez profondément votre partenaire. Partagez vos priorités personnelles et faites des compromis en conséquence.

5. Ne cédez pas au chantage émotionnel, cela ne fera qu'empirer la situation.

6. Si votre proche vous menace de violence physique, quittez immédiatement la situation et alertez les autorités compétentes.

7. Faites appel à vos amis proches ou à votre système de soutien social et demandez l'aide professionnelle d'un thérapeute si nécessaire.

Faites-vous du chantage affectif à quelqu'un ?

En plus d'être une victime, vous pouvez aussi être un agresseur. Aucun d'entre nous n'est à l'abri de cette tendance. Observez vos habitudes pour amener les autres à faire ce que vous voulez. Quelle est votre réaction lorsque quelqu'un se dispute avec vous ou ne fait pas ce que vous voulez ? Implorez-vous ? Vous punissez ? Punissez-vous en lui refusant de l'amour et de l'affection ? Prenez-vous son opposition comme une menace pour votre relation ? Répondez-vous par des remarques telles que "Si tu m'aimais, tu aurais fait ceci et cela" ?

Si vous répondez par l'affirmative à l'une de ces questions, il se peut que vous fassiez chanter les autres, sciemment ou non. Vous devez donc l'admettre et le reconnaître. C'est une façon d'assumer la responsabilité de vos actes et de créer un climat de sécurité et de réparation pour vous-même et pour l'autre personne.

Dites à la personne que vous avez manipulée que vous êtes conscient de vos actes. Mais s'excuser ne suffit pas. Vous devez assurer à la personne que vous êtes prêt à assumer vos actes et à chercher à changer votre façon de vous comporter. Demandez à la personne que vous avez blessée ce dont elle a besoin de votre part pour sentir qu'elle peut vous faire confiance. Trouvez des moyens de résoudre les problèmes ensemble et d'aller de l'avant.

Comment vaincre le chantage émotionnel ?

Tout d'abord, lisez la liste de contrôle suivante pour savoir si vous êtes victime de chantage affectif :

- Vous vous dites que c'est normal de céder.
- Vous pensez que céder est une bonne chose pour calmer l'autre personne.
- Vous avez l'impression que ce que vous voulez est incorrect.
- Vous pensez qu'il vaut mieux céder maintenant ; vous vous opposerez une autre fois.
- Vous pensez qu'il vaut mieux se rendre que d'offenser quelqu'un.
- Vous n'avez pas l'habitude de prendre position.
- Vous donnez votre pouvoir.
- Tu fais ce que les autres veulent, pas ce que tu veux.
- Vous acceptez tout sans protester.
- Vous abandonnez des choses que vous aimez pour apaiser l'autre personne.

Si l'une de ces situations vous interpelle, vous pourriez bien être victime de chantage affectif. Il est donc temps de rassembler votre courage et d'opérer des changements en vous. Prenez votre maturité personnelle et adoptez la position qui vous permettra de ne plus être une victime ; prenez position pour vous-même.

Prenez un moment pour examiner votre passé et voir si cette complaisance est automatique, héritée ou le résultat d'une habitude acquise dans l'enfance. Il peut être difficile et décourageant de ne plus se considérer comme une victime et de changer la dynamique, mais cela en vaut la peine. Demandez de l'aide si nécessaire.

Lorsque vous êtes victime de chantage affectif dans une relation, vous avez encore des choix. Vous pouvez laisser les choses en l'état, travailler à une situation plus saine ou décider que la relation doit prendre fin. Il existe des tactiques, des capacités et des changements de style de vie pour modifier la situation avant de décider de céder ou d'abandonner.

Vous avez besoin de deux choses pour vaincre la personne qui vous fait du chantage émotionnel :

- Apprendre et développer les compétences de la communication non défensive.
- Développez vos limites et votre résilience mentale.

Lorsque vous décidez de vous sortir d'une situation de chantage affectif, il vous faut beaucoup de courage et de volonté pour tolérer le sentiment de déplaire à vos proches. Parfois, cela peut faire remonter des angoisses du passé. Beaucoup de nos peurs sont issues d'expériences passées, même si nous les prenons pour des événements actuels. Nous mélangeons nos vies antérieures avec le présent, et par conséquent, lorsque nous sommes blessés, nous agissons en fonction de notre expérience passée. Nous pouvons et voulons tout faire pour nous protéger des angoisses liées aux réactions des autres.

Mais si vous séparez le présent de votre passé, vous aurez plus de confiance et beaucoup plus de choix quant à la façon dont vous réagissez. Ne vous considérez pas comme faible ou incapable. Votre histoire personnelle ne doit pas continuer à dicter votre présent. Croyez en vous, et ayez la force et la résilience nécessaires pour faire face au changement. Même si vous ressentez de la peur, permettez-vous d'aller de l'avant.

La peur s'accompagne d'un sentiment de culpabilité qui peut être une cause majeure de vos problèmes. Tout comme vous vous autorisez à faire face à la peur, vous pouvez aussi tolérer cette culpabilité ! Votre dignité, votre respect de vous-même et votre santé émotionnelle finiront par vous en remercier.

Examinez de plus près vos peurs et votre culpabilité. Posez-vous les questions suivantes :

- Est-ce que je fais quelque chose de malveillant ?
- Je suis cruel ?
- Ai-je fait quelque chose d'abusif ?
- Ai-je insulté quelqu'un ou voulu l'insulter ?
- Ce que j'ai fait, c'est humilier quelqu'un ?
- Mon comportement est-il insultant ?
- Est-ce que je suis nuisible en faisant cela ?

Si vous répondez honnêtement par "non" à ces questions, vous n'avez rien à vous reprocher. Si votre réponse est "oui", vous devez changer votre comportement. Le changement peut sembler inconfortable au début, mais essayez de voir cet inconfort comme un nouveau départ dans votre relation, comme une voie vers une plus grande maturité.

De nombreuses personnes pensent qu'elles doivent devenir plus fortes avant de pouvoir prendre des mesures constructives pour vaincre le chantage affectif. La vérité est que lorsque vous commencez à adopter un nouvel ensemble de pensées et de comportements, le sentiment de votre force s'installe automatiquement.

Les autres peuvent être surpris par votre changement et réagir de manière négative. Soyez-en conscient, ne le prenez pas personnellement. Ne renoncez pas à modifier votre détermination à ne pas accepter le chantage affectif. Vous ne vous sentirez pas très bien au début, mais ce n'est pas grave.

La tactique de l'agresseur repose sur la confrontation et l'escalade. La victime est poussée de plus en plus bas dans la structure du pouvoir. Lorsque nous sommes émotionnellement liés à quelqu'un et que nous recevons des critiques de sa part, nous avons naturellement tendance à nous mettre sur la défensive. Cependant, la défensive crée une réponse similaire chez l'autre personne. Trouvez des moyens non défensifs de communiquer avec votre maître-chanteur, il ne pourra pas vous atteindre et vous pourrez changer la dynamique.

Retenez ce mantra ! La prochaine fois que quelqu'un vous demande de faire quelque chose qui ne vous plaît pas, la première chose à faire est de vous arrêter. Respirez profondément. Cela vous aidera à sortir de la situation et de toutes les habitudes que vous pourriez avoir de réagir de manière défensive.

Au lieu d'un "Oui" ou d'un "Non" brutal, dites "Je ne suis pas en mesure de prendre la décision pour le moment ; j'ai besoin d'y réfléchir". Cela vous donnera le temps de vous calmer, de rassembler vos forces et de vous connecter à vos pensées sans anxiété ni pression. Lorsque vous êtes en équilibre et que vous pouvez vérifier à la fois votre intellect et vos émotions, vous pouvez prendre une décision saine.

Comment développer les compétences en matière de communication non défensive ?

La communication non défensive est un style de communication qui évite les manœuvres défensives et les luttes de pouvoir qui ont tendance à alimenter une dispute ou un conflit.

L'opposé de la communication non défensive est le "modèle de guerre", qui accroît le conflit parce que l'objectif est de gagner l'argument plutôt que de résoudre le problème. La communication dans le cadre du "modèle de guerre" suscite une réaction défensive qui active la partie émotionnelle de votre cerveau qui contrôle la réaction de "combat ou de fuite". En conséquence, la personne réagit de manière impulsive et non rationnelle. Cela réduit sa capacité à communiquer efficacement.

Lorsque nous sommes sur la défensive, nous nous engageons dans des luttes de pouvoir dans le cadre de la réaction de "fuite ou de combat". Il arrive même que la personne se retire et se rende. Cette vulnérabilité rend la personne susceptible d'être blessée ou attaquée.

Nous avons tous une tendance naturelle à nous mettre sur la défensive pour nous protéger des critiques. Lorsque vous vous mettez sur la défensive en communiquant avec les autres, il est plus difficile pour les personnes qui vous entourent d'écouter ce que vous dites. Il devient également difficile d'entendre leur version des choses.

Vous avez peut-être déjà observé ce phénomène lors de conversations critiques avec votre conjoint, votre patron, votre collègue ou votre ami. Lorsque vous vous mettez sur la défensive, l'autre personne est susceptible de répondre de la même manière. Le résultat est finalement la frustration et l'épuisement, et aucun de vous n'obtient ce qu'il veut.

Pour éviter que cela ne se produise, développez vos compétences en communication non défensive en suivant ces trois étapes :

1. Indiquez votre observation

Pour entamer votre conversation de manière non défensive, évitez de rejeter la responsabilité du problème sur l'autre personne. Veillez à ne pas faire de procès d'intention à l'autre personne. Concentrez-vous plutôt sur ce que vous voyez ou entendez.

Par exemple, au lieu de dire : "Tu n'as pas repassé les vêtements", dites : "Je vois que les vêtements ne sont pas repassés".

Ou au lieu de "Tu es toujours en retard", dites "Il semble que je sois le premier à arriver au bureau".

Lorsque vous utilisez des déclarations "Je", vous semblez moins critique et votre interlocuteur se sent moins sur la défensive par rapport aux déclarations commençant par "Vous".

2. Décrivez vos sentiments

Faites suivre votre observation d'un commentaire sur ce que vous avez ressenti face à ce comportement. Cela aide l'auditeur à mieux comprendre le problème en question. L'expression de vos sentiments ne se limite pas à une réponse en un mot à la question "Que ressentez-vous à propos de telle ou telle chose ?". Vous devez identifier correctement vos sentiments et les décrire en détail afin de mieux communiquer avec votre interlocuteur.

Par exemple, au lieu de dire "Tu me mets en colère", dites "Je me sens frustré et coincé".

3. Demander un comportement spécifique

La partie la plus importante de la conversation non défensive consiste à demander des attitudes et des actions différentes à l'avenir. En faisant une telle demande, vous faites savoir à l'autre personne que vous n'avez aucune rancune ou plainte à son égard. Au contraire, vous souhaitez travailler à une solution constructive au problème.

Par exemple : "J'apprécierais que vous déplaciez ces papiers de la table à manger avant le dîner."

Si vous suivez les étapes ci-dessus avec assiduité, vous pourrez rapidement apprendre les techniques de communication non défensive et faire en sorte que vos conversations soient fructueuses. En étant poli et respectueux dans votre communication, vous jouez le rôle d'une "grande personne".

Ne mettez pas les choses en bouteille. N'attendez pas pour aborder le problème ; sinon, vos émotions refoulées s'intensifieront, et vous ne serez pas en mesure de maintenir une conversation productive.

La communication non défensive demande de la pratique et du temps pour porter ses fruits. Tenez bon, le jeu en vaut la chandelle.

La communication non défensive exige d'une personne qu'elle change son attitude fondamentale. Elle l'oblige à modifier sa façon de poser des questions, de donner un retour d'information, d'exprimer ses sentiments et d'émettre des opinions. Elle peut être amenée à modifier le ton de sa voix, sa formulation et son langage corporel.

Une fois que vous aurez suivi ces étapes de communication non défensive avec persistance, vous vous sentirez plus fort. Le maître-chanteur ne peut pas réussir à vous attaquer ou à vous priver de vos pouvoirs.

Comment se défendre sur le lieu de travail sans être sur la défensive ?

Sur le lieu de travail, tout le monde ne joue pas le jeu de la politique de bureau. Vous trouverez des personnes qui parlent de votre travail d'une manière qui peut avoir un impact négatif sur votre réputation. Une personne peut vous accuser faussement de quelque chose de mal ou s'attribuer le mérite de votre travail. Un malentendu peut s'ensuivre, les gens vous montrant du doigt.

Il est essentiel que vous vous défendiez. Vous ne pouvez pas vous permettre de rester silencieux en attendant que la "vérité" éclate d'elle-même. Vous devez jouer un rôle actif en vous défendant pour construire ou défendre votre réputation.

En plus de se défendre, il est important de savoir comment le faire. Se défendre est une compétence de communication qui demande de la pratique et du temps pour être maîtrisée. Vous devez le faire sans avoir l'air hostile. Si vous utilisez un mode de communication agressif, il sera difficile d'amener les gens à écouter votre version des faits.

Disons que quelque chose s'est produit sur votre lieu de travail. Vous aurez votre perception de ce qui s'est passé, et les autres auront leur vision de ce qui s'est passé. Les deux peuvent ne pas coïncider. Lorsque vous essayez de convaincre les autres de votre perception, vous les attaquez. Vous utiliserez les phrases classiques "Il a dit, elle a dit" et vous aurez l'air sur la défensive. Plus vous insistez sur le fait que vous êtes celui qui dit la vérité, plus cela implique que l'autre personne ment. Vous ne ferez qu'aggraver votre cas. Le but de se défendre est de garder son sang-froid, de montrer aux autres que vous avez confiance en votre travail et qu'ils ne peuvent pas facilement profiter de vous.

Suivez ces 4 conseils pour vous défendre sans paraître brusque et sur la défensive :

1. Restez calme et adoptez un ton posé

C'est difficile à faire lorsque quelqu'un a dit du mal de vous, mais c'est crucial si vous voulez adopter la meilleure approche pour vous défendre. Votre communication devient tranchante et vengeresse lorsque vos émotions dominent votre jugement. Si vous agissez sous le coup de vos émotions, vous aurez l'air sur la défensive et vulnérable, sans atteindre l'objectif de vous défendre de la meilleure façon possible. En revanche, si vous êtes posé, les gens sont plus susceptibles d'écouter ce que vous dites.

2. Communiquer votre point de vue sans blâmer les autres

Lorsque quelqu'un vous accuse d'avoir fait quelque chose de mal, c'est une réaction impulsive de dire : "Non, je ne l'ai pas fait. Ils mentent". Une telle déclaration a tendance à paraître défensive. Sinon, vous pouvez dire quelque chose comme "Je suis surpris par cette nouvelle. Je ne sais pas pourquoi vous pensez que j'ai fait cela, mais je ne suis pas d'accord avec vous". En prenant cette voie, vous concentrez votre conversation sur vos réactions, et les faits pointant vers vous, au lieu de la personne qui vous a accusé.

3. Soyez la personne la plus importante

Parfois, les gens comprennent mal ce qui se passe, et cela entraîne une mauvaise communication. Ils vous pointent du doigt parce qu'ils ne comprennent pas la situation de votre point de vue. Au lieu de les montrer du doigt, soyez la personne la plus importante et répondez en disant : "Il s'agit peut-être d'un malentendu." De cette façon, vous paraîtrez plus généreux et désireux de construire des relations saines sur le lieu de travail.

4. ét étayer votre point de vue par des faits

Vous ne pouvez pas présenter votre cas sans aucun fait pour le prouver. Ne les modifiez pas pour retourner la situation en votre faveur. Présentez simplement les faits qui justifient votre désaccord avec les autres sans les blâmer. Il est également important de savoir quand se défendre. Dans le cadre d'un groupe, si quelqu'un dit que vous avez fait quelque chose que vous n'avez pas fait, il n'est pas toujours conseillé de prendre position avec force sur le champ. Vous pouvez simplement dire que vous êtes surpris par ses accusations et que vous n'êtes pas d'accord. N'oubliez pas qu'il peut s'agir d'un malentendu. Dans ce cas, vous vous êtes quand même défendu devant le groupe, mais sans blâmer la personne et sans entrer dans les détails. Cela montre votre sang-froid et vos capacités de communication, ce qui laissera une bonne impression.

Comment développer la résilience mentale ?

La vie est parfois difficile. Lorsque l'adversité frappe, pouvez-vous vous remettre rapidement ? Vous adaptez-vous ? Ou avez-vous l'impression que vous n'avez pas d'autre choix que de sombrer ? Si c'est le cas, cela signifie que vous n'avez pas naturellement une grande capacité de résilience. Cependant, il ne faut pas s'en inquiéter. Il existe de nombreuses façons d'améliorer votre résilience mentale. Vous pouvez l'apprendre et l'affiner par la pratique, le travail et la discipline.

Notre vie peut être remise en question par différentes circonstances. Il peut s'agir d'un deuil, de la perte de notre emploi ou de la fin d'une relation. Malgré cela, ces défis sont l'occasion de devenir une personne plus forte.

Comment être mentalement fort ?

La force mentale, c'est la capacité de faire face aux situations stressantes, aux problèmes et aux défis de notre vie. Il s'agit des occasions où nous relevons le défi et faisons de notre mieux, même si nous sommes dans des situations difficiles. Il est essentiel de développer sa force mentale pour mener une vie optimale. Tout comme nous faisons de l'exercice et mangeons les bons aliments pour notre santé physique, nous devons également développer nos muscles mentaux en utilisant des outils et des techniques psychologiques.

Une bonne santé mentale nous aide à mener une vie plus heureuse, à avoir de meilleures amitiés et de meilleurs liens sociaux, et fait des merveilles pour notre confiance. Elle nous aide à faire face aux situations difficiles dans lesquelles nous pouvons nous trouver.

Pour avoir une santé mentale stable, il faut y travailler. Cela peut prendre un certain temps avant de voir des résultats, mais c'est possible. De même que l'on constate des gains physiques en faisant régulièrement de l'exercice, la force mentale se construit en développant de bonnes méthodes psychologiques qui améliorent notre esprit et notre mental.

Pour la santé physique, vous devez laisser de côté des choses comme la malbouffe. De même, pour un gain mental, vous devez vous débarrasser d'habitudes malsaines comme l'apitoiement sur soi ou le blâme des autres.

Développer la résilience et la force mentale

L'American Psychological Association définit la résilience mentale comme *"le processus de bonne adaptation face à l'adversité, aux traumatismes, aux tragédies, aux menaces ou même aux sources importantes de stress."*

Dans le même ordre d'idées, la résistance mentale est la capacité à rester fort face à l'adversité, à garder sa concentration et sa détermination, malgré les difficultés rencontrées. Un individu mentalement fort voit l'adversité et les défis comme une opportunité plutôt que comme une menace, et a la confiance et l'approche positive pour les traiter de manière constructive.

Les 4 C de la force mentale

1. Contrôle

Êtes-vous maître de votre vie, y compris de vos émotions et du sens de votre mission ? La mesure dans laquelle vous maîtrisez ces éléments indique votre niveau de résistance mentale. Cette composante de contrôle peut être considérée comme votre estime de soi.

Plus vous vous situez sur l'échelle de contrôle, plus vous êtes à l'aise avec vous-même. Vous pouvez bien contrôler vos émotions, être moins enclin à révéler votre état émotionnel aux autres, et vous serez moins distrait par les attitudes et les sentiments des autres.

Le fait d'être plus bas sur l'échelle de contrôle signifie que vous prenez les situations personnellement et que vous pensez ne rien pouvoir faire contre ce qui s'est passé.

2. Engagement

Il s'agit de la mesure de votre concentration personnelle et de votre fiabilité. Si vous êtes élevé sur l'échelle de l'engagement, vous pouvez fixer efficacement des objectifs et les atteindre de façon constante sans vous laisser distraire. Vous êtes doué pour établir des pratiques et des stratégies qui favorisent le succès.

D'autre part, le fait d'être faible sur l'échelle d'engagement indique votre difficulté à fixer et à prioriser vos objectifs ou à adopter des habitudes indicatrices de réussite. Vous vous laissez aussi facilement distraire par d'autres personnes ou des priorités concurrentes.

Les échelles de contrôle et d'engagement représentent la partie résilience de la force mentale. La capacité à réagir positivement aux revers exige de savoir que l'on a le contrôle de sa vie et que l'on peut changer les choses. Vous devez également vous concentrer et être capable d'établir des habitudes et des objectifs qui vous remettront sur la bonne voie pour atteindre vos buts.

3. Défi

Le défi est la mesure dans laquelle vous êtes motivé et capable de vous adapter. Un score élevé sur l'échelle Challenge signifie que vous êtes déterminé à faire de votre mieux et que vous voyez l'adversité comme une opportunité plutôt que comme une menace. Vous êtes psychologiquement agile et flexible. Si vous êtes faible sur l'échelle de Challenge, cela signifie que vous voyez le changement comme une menace et que vous évitez les situations difficiles par peur de l'échec.

4. Confiance

La confiance est votre capacité à être productif et compétent. C'est la conviction que vous avez en vous-même que vous pouvez influencer les autres. Un niveau de confiance élevé signifie que vous croyez que vous allez réussir à accomplir des tâches, à prendre des revers tout en maintenant et en renforçant votre détermination. Si vous êtes faible sur l'échelle de confiance, cela signifie que vous êtes facilement contrarié par les déceptions et que vous pensez que vous n'êtes pas capable ou que vous n'avez pas la capacité d'influencer les autres.

Les échelles de défi et de confiance représentent la partie Confiance de la force mentale. Elles représentent la capacité d'une personne à identifier et à saisir une opportunité et à considérer les situations comme des occasions à explorer. Si vous avez confiance en vous, vous pouvez facilement interagir avec les autres et vous êtes susceptible de transformer les problèmes en résultats positifs.

Comment développer la résilience ?

La résilience peut être améliorée par la concentration, les bonnes habitudes et le travail acharné. Il existe de nombreuses stratégies pour cela. Cependant, vous devez identifier la méthode qui vous convient le mieux. Votre niveau de résilience mentale ne dépend pas de facteurs aléatoires. Vous pouvez l'améliorer tout au long de votre vie.

Voici donc les différentes stratégies et techniques pour améliorer votre résilience mentale :

1. Développer de nouvelles compétences

L'apprentissage de nouvelles compétences fait partie intégrante du développement de la résilience, car il contribue à renforcer la confiance dans votre capacité à apprendre et à évoluer. Ces qualités intérieures et extérieures peuvent être mises à profit dans les moments difficiles, et elles augmentent également votre estime de soi et votre capacité à résoudre les problèmes. Vous pouvez investir dans l'apprentissage de nouvelles activités grâce à l'apprentissage basé sur les compétences.

De plus, si vous pouvez acquérir de nouvelles compétences dans le cadre d'un groupe, il n'y a rien de tel. Cela vous donne un avantage supplémentaire, celui du soutien social, qui contribue également à renforcer la résilience.

2. Fixer vos objectifs

Développez la capacité à définir ce que vous voulez atteindre, à mesurer les étapes par lesquelles vous y arriverez et à agir en conséquence. Cela vous aidera à développer votre volonté et votre résilience mentale. Ces objectifs peuvent être liés à votre santé physique, votre bien-être émotionnel, votre carrière, vos finances ou votre spiritualité.

Si vous avez des objectifs qui vous obligent à acquérir de nouvelles compétences, cela aura un double avantage, comme par exemple apprendre une nouvelle langue ou apprendre à jouer d'un instrument. Se fixer et travailler à des objectifs qui ont une dimension spirituelle, faire du bénévolat pour des personnes défavorisées, peut être immensément gratifiant et aider à renforcer la résilience. En effet, ces activités permettent de mieux comprendre la vie, ce qui est précieux dans les moments difficiles.

3. Exposition contrôlée

Une exposition contrôlée ou progressive à des situations anxiogènes aide les gens à surmonter leurs peurs beaucoup plus rapidement. Des études montrent que cela peut renforcer la résilience, ainsi que les stratégies d'acquisition de compétences et de fixation d'objectifs.

Par exemple, la prise de parole en public est une compétence utile dans la vie courante, mais elle a aussi tendance à créer de l'anxiété chez de nombreuses personnes. Ces personnes pourraient se fixer des objectifs d'exposition contrôlée pour acquérir la capacité de le faire. Elles pourraient commencer par parler en public devant un petit nombre d'amis. Puis, une fois qu'elles auront acquis une certaine confiance en elles, elles pourront passer à un public plus large.

L'American Psychology Association propose également 11 stratégies pour renforcer la résilience mentale :

1. Effectuez les connexions

Vous pouvez renforcer votre résilience grâce à des liens sains avec votre famille, vos amis et votre communauté. Établir des relations avec des personnes qui sont importantes pour vous et qui vous aideront dans les moments difficiles, tout cela peut être extrêmement utile pour nous remonter le moral et nous encourager à penser qu'il y a de la lumière au bout du tunnel. De même, lorsque vous aidez les autres dans leurs moments difficiles, cela vous aide aussi.

2. Les crises ne sont pas des catastrophes

Même si nous sommes confrontés à des problèmes, il est essentiel de garder à l'esprit que nos réactions sont ce qui nous fait. Si nous faisons face à ce qui se présente à nous et que nous regardons vers l'avenir, nous pouvons avoir confiance que les choses vont s'améliorer. Cette simple foi peut nous faire sentir mieux et nous donner le pouvoir nécessaire pour faire face à la situation.

3. Accepter que le changement est inévitable

La vie est, par nature, sujette à des changements constants. Ce que nous pouvons souhaiter à une période de notre vie peut avoir changé quelques années plus tard. Il se peut que certains objectifs doivent être modifiés. En acceptant les facteurs que vous ne pouvez pas changer, ou qui ne sont pas sous votre contrôle, cela vous permet de vous concentrer sur les sujets que vous pouvez traiter de manière réaliste.

4. Progresser vers vos objectifs

En plus de fixer vos objectifs, il est également important de vous assurer qu'ils sont réalistes. La création de petites étapes réalisables rend vos objectifs atteignables. Essayez d'obtenir des réalisations pratiques et réalistes sur la voie de la réalisation du grand prix. Essayez d'accomplir les choses par petites étapes au lieu d'essayer de tout faire d'un coup.

5. Prendre des mesures décisives

Au lieu de fuir les problèmes ou de rêver qu'ils disparaîtront, prenez la résolution de prendre des mesures décisives pour les résoudre de la meilleure façon possible.

6. Recherchez des occasions de découverte de soi

Les malheurs de la vie créent du stress mais peuvent être une source d'apprentissage et de développement personnel. Découvrir comment faire face à une situation difficile et la surmonter avec succès peut renforcer votre confiance, améliorer votre moral, consolider vos relations et vous enseigner des vérités plus profondes. Vous pouvez révéler vos forces cachées pendant ces périodes difficiles. Parfois, il s'agit d'un voyage qui nous fait apprécier la vie encore plus.

7. Pensez positivement à vous-même

Travailler pour atteindre ses objectifs et améliorer sa confiance en soi permet de prévenir les difficultés et de renforcer la résilience. Avoir une vision positive de soi-même est également au cœur de la résolution des problèmes.

8. Gardez les choses en perspective

Lorsque les choses se compliquent, rappelez-vous que de nombreuses personnes traversent des épreuves similaires dans leur vie. En fin de compte, tout cela fait partie de l'être humain. Ne vous laissez pas convaincre que le problème est pire qu'il ne l'est. Assurez-vous de garder un œil sur l'avenir lorsque les temps semblent difficiles dans le présent.

9. Garder l'espoir

Lorsque vous vous concentrez sur l'aspect négatif de la situation, vous pouvez céder à vos peurs et avoir du mal à savoir quoi faire. Gardez le moral et soyez convaincu que vous pouvez résoudre la difficulté. Cherchez comment vous pouvez y faire face, et vous serez probablement surpris.

10. Prenez soin de vous

Prendre soin de soi est une chose qui ne doit pas être sous-estimée. Cela vous aidera à mieux faire face aux circonstances difficiles et stressantes. Prendre soin de soi, c'est notamment prêter attention à ses sentiments et faire des choses qui vous aident à vous sentir plus heureux et plus satisfait. Les passe-temps, l'exercice physique et les activités créatives sont tous extrêmement utiles.

11. Autres moyens de renforcer la résilience

Ce peut être une excellente idée de suivre un cours de méditation ou de disciplines mentales similaires. De telles techniques sont certainement d'une grande aide pour calmer votre esprit et améliorer ainsi votre résilience.

Stratégies de renforcement de la résilience

Comme nous l'avons déjà dit, la bonne approche pour renforcer la résilience varie selon les personnes. Chaque individu réagit à sa manière aux événements traumatiques et stressants de la vie. Par conséquent, ce qui peut fonctionner pour une personne peut ne pas fonctionner pour une autre.

Voici quelques stratégies courantes à employer pour renforcer la résilience :

Tirez les leçons de votre passé

Examinez vos expériences passées et vos sources de force personnelle pour savoir quelles stratégies de renforcement de la résilience vous conviennent. L'American Psychology Association recommande de vous poser les questions suivantes afin de déterminer comment vous avez réagi à des situations difficiles dans le passé :

1. Quels types d'événements ont été les plus stressants pour vous ?
2. Comment ces événements vous ont-ils affecté ?
3. Cela vous a-t-il aidé de penser à des personnes importantes dans votre vie lorsque vous étiez en détresse ?
4. À qui avez-vous demandé de l'aide pour surmonter un traumatisme ?
5. Qu'avez-vous appris sur vous-même dans les moments difficiles ?
6. Cela vous aide-t-il d'aider quelqu'un d'autre ayant une expérience similaire ?
7. Avez-vous été en mesure de surmonter des obstacles, et si oui, comment ?
8. Qu'est-ce qui vous donne plus d'espoir pour l'avenir ?

Soyez flexible

Être résilient signifie avoir un état d'esprit flexible. Lorsque vous su-bissez des circonstances et des événements stressants dans votre vie, il est nécessaire de maintenir la flexibilité et l'équilibre de la manière sui-vante :

1. Permettez-vous d'éprouver des émotions fortes et sachez quand vous devez les mettre de côté pour continuer à fonctionner.
2. Prenez les mesures nécessaires pour faire face à vos problèmes et répondre aux exigences de la vie quotidienne, mais sachez aussi prendre du recul et vous reposer/se ressourcer.
3. Passez du temps avec vos proches qui vous apportent soutien et encouragement ; prenez soin de vous.
4. Comptez sur les autres, mais sachez aussi quand vous devez compter sur vous-même.

Parfois, le soutien de la famille et des amis ne suffit pas. Sachez quand chercher de l'aide à l'extérieur, par exemple auprès de groupes d'entraide et de soutien communautaire, de livres et de publications, de ressources en ligne ou d'un professionnel de la santé mentale agréé.

Les livres, les publications et les ressources en ligne offrent une mine d'informations qui vous permettent d'entendre ou de lire comment d'autres personnes ont réussi à surmonter des situations difficiles et éprouvantes comme la vôtre. Ce sont des sources précieuses de motiva-tion, d'inspiration et de moyens de gérer le stress et les traumatismes. Toutefois, veillez à toujours vous référer à une source fiable.

Partager vos expériences, vos émotions et vos idées au sein de groupes de soutien peut vous apporter détente et réconfort. Vous aurez ainsi le sentiment qu'il y a quelqu'un sur qui compter dans les moments difficiles.

Si les autres méthodes s'avèrent infructueuses, il est préférable de demander l'aide d'un professionnel de la santé mentale. Parlez à un thérapeute agréé si vous ne parvenez pas à fonctionner dans votre vie quotidienne en raison d'événements douloureux.

Relations résilientes

La résilience est également un aspect essentiel de vos relations. Les relations exigent une attention et un entretien constants, surtout en période d'adversité.

Certaines relations peuvent survivre mieux que d'autres. C'est parce qu'elles favorisent la résilience de l'autre.

Sept caractéristiques des relations hautement résilientes

1. Optimisme actif

L'optimisme, ce n'est pas seulement espérer que les choses s'amélioreront ; c'est plutôt croire qu'elles s'amélioreront et agir en conséquence. L'optimisme dans une relation signifie un accord pour éviter les commentaires critiques, blessants et cyniques, et travailler ensemble pour exploiter le pouvoir de vivre positivement.

2. Honnêteté, intégrité, acceptation de la responsabilité de ses actes et volonté de pardonner.

Lorsque deux personnes engagées dans une relation s'engagent à reconnaître la responsabilité de leurs actes, sont loyales l'une envers l'autre et se pardonnent mutuellement, elles sont susceptibles de cultiver la résilience dans leur relation.

3. Esprit de décision

Il est crucial d'avoir le courage d'agir, même si cela peut provoquer de l'anxiété dans une relation. Une action décisive peut consister à quitter une relation toxique. Un tel esprit de décision peut favoriser votre résilience.

4. Ténacité

La ténacité est la persévérance et la capacité de tenir bon face au découragement, aux revers et aux échecs. N'oubliez pas qu'il y aura toujours des hauts et des bas, des bons moments comme des moments difficiles, dans vos relations. Mais la mesure dans laquelle vous pouvez tenir bon témoigne de votre ténacité.

5. Maîtrise de soi

Dans le contexte des relations, la maîtrise de soi est la capacité de contrôler les impulsions, de résister aux tentations et de retarder la gratification. Il s'agit de qualités souhaitables qui permettent d'éviter les pratiques négatives et de promouvoir des pratiques saines, en particulier dans les moments d'adversité.

6. Communication honnête

Une communication ouverte et honnête entretient le sentiment d'"appartenance" et d'interconnexion dans une relation. Parfois, les conversations les plus difficiles sont les plus importantes à avoir.

7. Présence d'esprit

La présence d'esprit a de nombreuses implications positives pour vous comme pour votre partenaire. Cette conscience conduit à une réflexion calme, sans jugement, et à une communication ouverte entre le couple. Elle permet également une réflexion collaborative et une ouverture à de nouvelles solutions, plutôt que de se blâmer et de se condamner mutuellement.

Comment devenir résilient pour la vie ?

Si vous souhaitez avoir une forte résilience mentale pour le reste de votre vie, commencez à la construire dès maintenant ! Mettez en pratique les stratégies et les conseils présentés ci-dessus avec persévérance ; au fil du temps, vous augmenterez votre capacité à rebondir et à vous adapter à vos difficultés.

Ce qu'il y a de plus fou dans le fait de subir des événements indésirables, c'est que plus vous faites jouer votre résilience, mieux vous pourrez réagir la prochaine fois.

Développer vos limites émotionnelles dans vos relations

La deuxième façon de vaincre le chantage affectif est de fixer vos limites. La question la plus importante qui peut cliquer dans votre esprit en ce moment est, "Pourquoi devrais-je avoir des frontières ? Comment la fixation de limites peut-elle me sauver du chantage affectif ?"

Fixer des limites personnelles saines favorise des relations saines, augmente votre estime de soi et réduit le stress, l'anxiété et la frustration. Les limites vous protègent en définissant clairement ce que vous acceptez et ce que vous refusez dans toute relation.

Les limites comprennent les limites physiques et les limites émotionnelles. Les limites physiques comprennent votre corps, votre espace personnel et votre vie privée. Si quelqu'un se tient trop près de vous, vous touche de manière inappropriée ou feuillette les fichiers de votre téléphone, il viole vos limites physiques.

Les limites émotionnelles comprennent la séparation de vos sentiments de ceux des autres. Prendre la responsabilité des sentiments des autres, les laisser dicter vos sentiments, sacrifier vos besoins pour faire plaisir aux autres, rendre les autres responsables de vos problèmes et prendre une responsabilité excessive pour leurs difficultés sont des violations de vos limites émotionnelles.

Lorsque vous avez des limites fortes, elles protègent votre estime de soi et votre identité en tant qu'individu, ainsi que votre droit de faire des choix dans la vie.

Fixer des frontières n'est pas suffisant si vous ne les protégez pas aussi. Mais, la plupart d'entre nous ont du mal à fixer des limites saines de manière cohérente, en particulier les limites émotionnelles. Il est parfois délicat d'identifier même quand ces frontières sont franchies. La raison en est la peur des conséquences sur nos relations en les fixant.

Les signaux d'alarme en cas de violation de vos limites sont les suivants : malaise, stress, anxiété, ressentiment, peur et culpabilité. Ces sentiments proviennent du sentiment d'être exploité ou de ne pas être apprécié.

Demandez-vous si les affirmations suivantes résonnent en vous :

- Tu ne peux pas prendre tes propres décisions.
- Vous ne pouvez pas demander ce dont vous avez besoin.
- Tu ne peux pas dire non.
- Vous vous sentez critiqué.
- Vous vous sentez responsable des sentiments des autres.
- Vous semblez prendre leurs humeurs.
- Vous vous sentez souvent nerveux, anxieux et inquiet en présence de ces personnes.

Si vos limites sont vagues, voire inexistantes, vous aurez un faible sentiment d'identité personnelle et un sentiment d'impuissance à prendre les décisions de votre vie. En conséquence, vous vous en remettez à votre partenaire pour votre bonheur et votre responsabilité décisionnelle, perdant ainsi des éléments importants de votre identité ; cela crée le risque de devenir codépendant.

L'incapacité à fixer des limites résulte également de la peur de l'abandon dans une relation, de la peur d'être jugé et de la peur de blesser les sentiments d'autrui.

La première étape pour établir de meilleures limites est de savoir quelles sont vos limites. Qui vous êtes, ce dont vous êtes responsable et ce dont vous n'êtes pas responsable. Vous êtes responsable de votre bonheur, de votre comportement, de vos choix et de vos sentiments. Vous ne pouvez pas être tenu responsable du bonheur, du comportement, des choix et des sentiments de quelqu'un d'autre.

Limites émotionnelles et pièges à limites

Les limites émotionnelles relèvent des catégories suivantes : temps, énergie, émotions et valeurs. Cependant, il faut se méfier des pièges des limites dans une relation. Reconnaissez-vous certaines des pensées suivantes, ou des choses que vous avez peut-être dites ?

- Je n'ai pas d'identité propre. Mon identité vient de mon partenaire, et je ferais tout et n'importe quoi pour le rendre heureux.
- Cette relation est meilleure que la précédente.
- Je passe tout mon temps à réaliser les objectifs et les activités de mon partenaire. Je n'ai pas le temps de faire ce que j'ai envie de faire.
- Mon partenaire sera perdu si je ne suis pas là.
- Cette relation s'améliorera si j'y consacre plus de temps.
- La plupart du temps, la relation est excellente, à l'exception de quelques occasions, et cela me suffit.

Comment fixer vos limites émotionnelles ?

Tout d'abord, engagez-vous à donner la priorité à votre identité, vos besoins, vos sentiments et vos objectifs. Les limites émotionnelles saines commencent par la conviction et l'acceptation de votre état actuel. Abandonnez la responsabilité de réparer les autres, d'être responsable du résultat des choix de quelqu'un d'autre, de sauver ou de secourir les autres, de dépendre de leur approbation et de vous changer pour être aimé des autres.

Préparez une liste des limites que vous voulez renforcer. Ne vous contentez pas de les noter, mais visualisez-vous en train de les fixer et de les communiquer avec assurance aux autres. La fixation des limites est un processus. Commencez donc par fixer des limites non menaçantes, faites-en l'expérience, puis passez à des limites plus difficiles.

En voici quelques-unes pour commencer :

- Dites non aux tâches que vous ne voulez pas faire ou que vous n'avez pas le temps de faire.
- Soyez prêt à aider.
- Remerciez les autres sans excuse, sans regret et sans honte.
- Demandez de l'aide si nécessaire.
- Déléguez des tâches à votre partenaire ou aux membres de votre famille.
- Ne vous engagez pas trop. Protégez votre temps.
- Demandez votre espace personnel.
- Exprimez-vous lorsque vous êtes confronté à un comportement qui empiète sur votre espace.
- Honorez votre personne et vos besoins.
- Laissez tomber la culpabilité et la responsabilité pour les autres.
- Partagez vos informations personnelles progressivement et de manière mutuelle.

Lorsque vous fixez vos limites et modifiez la dynamique de la relation, vous risquez de rencontrer une résistance de la part de l'autre personne. Restez sur vos positions et continuez à communiquer vos besoins. La "technique du disque rayé" est utile à ce moment-là. Répétez votre déclaration autant de fois que nécessaire.

Les relations saines sont un équilibre entre ce qui est donné et ce qui est reçu. Dans une relation saine, vous vous sentez calme, en sécurité, soutenu, respecté, soigné et accepté inconditionnellement. Vous êtes libre d'être qui vous êtes et encouragé à être la meilleure version de vous-même.

De même, des limites saines sont aussi un signe de santé émotionnelle, de respect de soi et de force. En fixant vos limites, vous imposez des normes élevées à ceux qui vous entourent. Attendez-vous à être traité de la même façon que vous les traitez. Vous vous retrouverez bientôt entouré de personnes qui vous respectent, se soucient de vous, de vos sentiments, de vos besoins et vous traitent avec gentillesse.

Résumé du chapitre

1. Pour faire face au chantage affectif, vous devez d'abord identifier les situations de drapeau rouge de cette tactique.

2. Si vous vous excusez toujours auprès de votre partenaire, même pour les bonnes actions, si vous ne pouvez pas dire non à votre partenaire, si vous faites toujours des sacrifices ou si vous cédez aux exigences de votre partenaire au détriment des vôtres, vous êtes victime de chantage affectif.

3. Connaître la technique FOG typique ou les tactiques de peur, d'obligation et de culpabilité utilisées par les maîtres chanteurs pour vous manipuler.

4. Si vous avez du mal à dire non à votre partenaire ou dans toute relation, vous êtes vulnérable au chantage affectif. Mettez-vous à l'aise pour refuser les demandes qui ne vont pas dans le sens de vos intérêts.

5. Donnez la priorité à vos besoins, défendez votre vérité, vos points de vue et vos opinions pour mettre fin au chantage affectif.

6. Fixez des limites claires quant aux comportements que vous acceptez et que vous refusez. Assurez-vous que vos limites ne peuvent être dépassées en aucune circonstance.

7. Observez vos actions pour savoir si vous n'employez aucune de ces tactiques pour manipuler les autres. Si c'est le cas, admettez et reconnaissez votre comportement manipulateur, excusez-vous et assurez votre cible que vous êtes prêt à changer vos habitudes. Faites-lui sentir la confiance et la sécurité de votre relation.

8. Pour vaincre le chantage affectif, il faut deux choses : développer des compétences en matière de communication non défensive et développer ses limites émotionnelles et sa résilience mentale.

9. La communication non défensive est la meilleure façon de traiter avec un maître chanteur. C'est une façon d'exprimer vos pensées et vos sentiments aux autres sans vous mettre sur la défensive ou pointer du doigt les autres.

10. Lorsque vous utilisez un mode de communication défensif, l'autre personne est également sur la défensive à son tour. Il lui est alors difficile d'entendre votre version des faits.

11. Vous pouvez communiquer de manière non défensive en faisant part de vos observations sur la situation, en décrivant vos sentiments à l'aide de déclarations "je" et en demandant un comportement différent à l'avenir.

12. Votre force mentale est votre capacité à gérer efficacement les situations stressantes et à donner le meilleur de vous-même.

13. La force mentale peut être développée au fil du temps en choisissant les habitudes de développement personnel.

14. La résilience mentale est le processus qui consiste à bien s'adapter aux adversités de sa vie.

15. La ténacité mentale est la capacité à rester fort face à l'adversité et à garder sa concentration et sa détermination.

16. Le contrôle de vos émotions, l'engagement envers vos objectifs, la capacité à être productif, les capacités et l'adaptation aux adversités de la vie sont des aspects centraux de la force mentale.

17. Votre niveau de résilience mentale n'est pas déterminé à la naissance ; vous pouvez le développer par la volonté, la discipline et le travail.

18. Il existe différentes stratégies et techniques pour renforcer votre résilience mentale. Choisissez celle qui vous convient le mieux.

19. La résilience est également importante pour des relations saines. Les relations qui favorisent la résilience de l'autre ont de meilleures chances de survie que les autres.

LE MOT DE LA FIN

Une relation saine vous aide à évoluer vers une meilleure version de vous-même. Elle vous permet de devenir une personnalité aimable et confiante.

Si vous vous sentez étouffé et contrôlé dans une relation, si vos besoins ne comptent pas ou si vous ne vous sentez pas en sécurité pour exprimer vos pensées et vos sentiments avec cette personne, votre relation s'est transformée en une relation toxique.

La toxicité peut s'insinuer dans les relations les plus chères et les plus proches. Cela peut être entre un parent et un enfant, votre conjoint, votre amant ou un ami proche. La toxicité envahit une relation lorsqu'une personne commence à manipuler l'autre pour qu'elle cède à ses exigences sans reconnaître ni respecter les besoins de l'autre.

La manipulation peut parfois sembler inoffensive, mais il s'agit en fait d'un chantage affectif, d'un abus émotionnel. C'est parce que le maître chanteur affectif utilise vos sentiments de manière négative contre vous pour obtenir ce qu'il veut. En bref, il vous contrôle et contrôle votre comportement afin de satisfaire ses exigences.

Il est essentiel d'être conscient des signes de chantage affectif. Prenez conscience que vous êtes manipulé. Sinon, la personne continuera à vous faire du chantage, et vous vous retrouverez dans une situation de frustration, d'anxiété et de faible estime de soi. Si vous n'êtes pas conscient des signes de chantage affectif, vous ne pouvez pas y faire face ou l'arrêter.

Voici quelques exemples de manipulation utilisés par un maître chanteur émotionnel :

- Des menaces de mettre votre vie en danger.
- Ils vous menacent de se tuer si vous n'obéissez pas à leurs souhaits.

- Vous contrôler en utilisant l'argent.
- Menace de mettre fin à la relation avec vous.
- Vous manipuler pour que vous ressentiez de la compassion pour lui/elle.
- Vous faire sentir coupable.
- Vous démoraliser.
- Vous blesser émotionnellement.
- Vous priver d'amour, d'attention et d'appréciation.
- Vous faire sentir égoïste et inconsidéré.

Le maître-chanteur utilise des techniques astucieuses et secrètes pour vous faire croire que ses exigences sont raisonnables et que vous devez les satisfaire. Cependant, plus vous cédez, plus la situation s'aggrave.

De plus, le maître-chanteur affectif apprend à connaître vos peurs, celles qui sont profondément enracinées comme la peur de l'échec, de l'isolement et de l'humiliation, qu'il utilise contre vous pour faire aboutir ses demandes.

Mais pourquoi certaines personnes ont-elles recours au chantage affectif ?

Le chantage affectif est généralement utilisé comme une arme pour prendre le contrôle des pensées et des sentiments d'une autre personne. Ces personnes sont généralement peu sûres d'elles sur le plan émotionnel, peut-être parce qu'elles ont été victimes d'abus similaires dans leur enfance. En conséquence, elles ne peuvent pas faire la différence entre ce qui est bien et ce qui est mal.

Comme ils ont grandi en étant eux-mêmes manipulés émotionnellement, ils pensent que c'est la bonne façon de demander des choses ou d'obtenir ce qu'ils veulent. Elles pensent à tort qu'en faisant en sorte que les autres se sentent impuissants et vulnérables, elles se sentiront puissantes et bien dans leur peau.

Toute personne qui recourt au chantage affectif souffre d'une faible estime de soi, d'un manque d'empathie et d'une tendance à rendre les autres responsables des problèmes de sa vie.

Cependant, il est important de noter que ce ne sont pas *les "désirs"* qui permettent de qualifier la personne de maître chanteur, mais plutôt la façon dont elle s'y prend pour satisfaire ces *"désirs"*. Si elle vous menace ou reste insensible à vos besoins, le terme "maître chanteur affectif" est justifié.

En effet, il existe 6 étapes progressives de chantage affectif :

1. Dans la première phase, le maître chanteur vous fait part de ses exigences et ajoute une menace émotionnelle.
2. Deuxièmement, vous résistez à la demande du maître chanteur.
3. Comme le maître chanteur ne peut tolérer aucun refus, il fait pression sur vous pour que vous vous exécutiez.
4. Ils réitèrent leur menace en conséquence de votre refus.
5. Affecté par des émotions négatives, vous décidez de céder aux exigences du maître chanteur.
6. Il en résulte un schéma dans lequel le maître-chanteur connaît vos points sensibles et sait comment les pousser pour obtenir ce qu'il veut.

La pression qu'ils exercent sur vous pour que vous vous soumettiez aux règles passe essentiellement par trois tactiques : la peur, l'obligation et la culpabilité, communément appelées la technique FOG.

La plupart d'entre nous ont différents types de peurs, comme la peur de l'isolement, la peur de l'inconnu, l'appréhension de la confrontation, l'inquiétude de l'abandon, la peur des situations délicates, etc. Les maîtres chanteurs affectifs connaissent vos points faibles et savent comment les utiliser pour obtenir ce qu'ils veulent.

Utiliser votre sens de l'obligation pour appuyer sur vos déclencheurs émotionnels et vous manipuler est une autre technique favorite des maîtres chanteurs émotionnels. Ils peuvent vous faire sentir coupable de ne pas tenir vos promesses conformément à vos obligations.

Toutes ces tactiques découlent de la lâcheté. Les maîtres chanteurs affectifs ne peuvent pas tolérer l'échec, la perte, la privation et la frustration. Dès qu'ils éprouvent ces sentiments, ils passent à l'action et ont recours au chantage affectif pour obtenir ce qu'ils veulent et faire disparaître ces sentiments négatifs.

Vous pouvez classer les maîtres chanteurs émotionnels en 4 catégories :

1. Les **punisseurs** qui menacent de vous punir physiquement, par des sanctions financières, ou de mettre fin à la relation avec vous si vous ne faites pas ce qu'ils veulent.
2. Les **autopunisseurs** qui menacent de se faire du mal si vous ne vous conformez pas à leurs souhaits.
3. Les **personnes** qui vous rendent responsable de leur état émotionnel dégradé et attendent de vous que vous fassiez ce qu'elles veulent pour se sentir mieux.
4. Les **tentateurs** qui vous attirent avec une fausse promesse de quelque chose de mieux si vous faites ce qu'ils désirent.

Quelle que soit la tactique utilisée, si vous vous retrouvez à vous excuser pour des choses que vous ne faites pas, ou si vous vous rendez compte que vous êtes le seul à faire des sacrifices dans une relation, ou si l'autre personne insiste pour n'en faire qu'à sa tête, ou si vous avez l'impression d'être menacé pour obéir à ses exigences, vous êtes victime de chantage affectif.

Cependant, il faut être deux pour faire du chantage. Si vous ne cédez pas aux exigences, le chantage affectif ne peut pas se produire. Il se peut que votre besoin de plaire aux gens, la peur de leur colère, l'abandon ou les conflits dans les relations, une compassion et une empathie extrêmes, la tendance à prendre sur vous le fardeau de la vie des autres et une faible estime de soi vous rendent vulnérable à ces individus.

Pour changer cette dynamique et cesser d'être victime de chantage affectif, vous devez d'abord reconnaître les signaux d'alarme du chantage affectif tels qu'ils sont détaillés dans ce livre. Ensuite, engagez-vous à prendre soin de vous. Prenez la résolution de ne pas laisser ce traitement abusif se poursuivre.

Respectez d'abord vos besoins. Détachez-vous des émotions du maître-chanteur et regardez la situation sous un angle différent. Ne soyez pas tenté de céder instantanément aux exigences du maître chanteur. Faites une pause, prenez le temps d'évaluer si vous devez vous conformer ou non, puis prenez votre décision.

Utilisez les stratégies détaillées dans ce livre pour développer votre résilience mentale, et développez les compétences de communication non défensive pour parler au maître chanteur émotionnel.

Enfin, fixez vos limites émotionnelles et exprimez clairement ce que vous acceptez et ce que vous refusez. De cette façon, vous pourrez mettre définitivement fin au chantage affectif dans votre vie.

SOURCES

Galinsky, L. (2018, November 13). The Use of Emotional Blackmail in a Relationship. Retrieved from https://goodmenproject.com/featured-content/remember-that-time-you-wanted-a-relationship-for-all-the-wrong-reasons-wcz/

Doll, K. (2019, June 19). 18+ Ways to Handle Emotional Blackmail (+ Examples & Quotes). Retrieved from https://positivepsychology.com/emotional-blackmail/

Emotional Blackmail. (n.d.). Retrieved from https://www.merriam-webster.com/dictionary/emotional%20blackmail

Understanding Emotional Blackmail. (2019, January 14). Retrieved from https://claritychi.com/emotional-blackmail/

Hammond, C. (2017, October 10). What is Emotional Blackmail. Retrieved from https://pro.psychcentral.com/exhausted-woman/2016/08/what-is-emotional-blackmail/

Emotional Blackmail Law and Legal Definition. (n.d.). Retrieved from https://definitions.uslegal.com/e/emotional-blackmail/

Paler, J. (2019, December 6). The toxic cycle of emotional blackmail and how to stop it. Retrieved from https://hackspirit.com/emotional-blackmail/

Emotional Blackmail and How it Harms our Kids. (2018, August 1). Retrieved from https://exploringyourmind.com/emotional-blackmail-and-how-it-harms-our-kids/

Johnson, R. S. (2018, August 16). Emotional Blackmail: Fear, Obligation and Guilt . Retrieved from https://www.bpdfamily.com/content/emotional-blackmail-fear-obligation-and-guilt-fog

Go your Own Way. (n.d.). *Emotional Blackmail*. Retrieved from http://www.goyourownway.org/GOYOUROWNWAY/DOCUMENTS/EMOTIONAL%20WELLBEING/EMOTIONAL%20BLACKMAIL.pdf

What Is Emotional Blackmail and 5 Personality Types That Use It. (n.d.). Retrieved from https://www.learning-mind.com/emotional-blackmail/

Four Types Of Emotional Blackmail Manipulators Use Against You. (n.d.). Retrieved from https://www.aconsciousrethink.com/9824/emotional-blackmail/

Kreger, R. (n.d.). Fear, Obligation, and Guilt (FOG) in High Conflict Relationships. Retrieved from https://www.bpdcentral.com/blog/?Fear-Obligation-and-Guilt-FOG-in-High-Conflict-Relationships-36

abcClub. (2018, August 15). Emotional Blackmail_ Feeling like in FOG (fear, obligation, guilt). Retrieved from https://www.youtube.com/watch?v=jPXUQnTSyeU

Mayo Clinic Staff. (n.d.). Borderline personality disorder. Retrieved from https://www.mayoclinic.org/diseases-conditions/borderline-personality-disorder/symptoms-causes/syc-20370237

Freedom from the FOG of Emotional Manipulation. (2014, May 23). Retrieved from https://www.borderline-personality-disorder.com/borderline-personality-disorder-research/freedom-from-the-fog-of-emotional-manipulation/

Lancer, D. (2019, July 2). Covert Tactics Manipulators Use to Control and Confuse You. Retrieved from https://www.psychologytoday.com/us/blog/toxic-relationships/201907/covert-tactics-manipulators-use-control-and-confuse-you

Four Signs of Emotional Blackmail. (n.d.). Retrieved from https://www.powerofpositivity.com/4-signs-of-emotional-blackmail/

Lancer, Darlene. (n.d.). COMBAT NARCISSISTS' AND ABUSERS' PRIMARY WEAPON: PROJECTION. Retrieved from https://www.whatiscodependency.com/narcissist-abuse-empaths-projection/

Murrah, J. D. (n.d.). Breaking the Cycle of Emotional Blackmail. Retrieved from https://www.streetdirectory.com/travel_guide/7367/parenting/breaking_the_cycle_of_emotional_blackmail.html

Harley, M. (2017, July 24). What makes a parent toxic? Retrieved from https://lifelabs.psychologies.co.uk/users/3881-maxine-harley/posts/18860-what-makes-a-parent-toxic

Avila, T. (2018, November 2). How to Cope with Toxic Parents Whom you Can't Avoid. Retrieved from https://www.girlboss.com/wellness/toxic-parents

Lancer, D. (2018, August 31). 12 Clues a Relationship with a Parent is Toxic. Retrieved from https://www.psychologytoday.com/intl/blog/toxic-relationships/201808/12-clues-relationship-parent-is-toxic

Fellizar, K. (2019, January 23). 7 Seemingly Innocent Things That Can Actually Be Emotional Blackmail In A Relationship. Retrieved from https://www.bustle.com/p/7-seemingly-innocent-things-that-can-actually-be-emotional-blackmail-in-a-relationship-15866011

Centore, A. (2012, November 16). 6 Warning Signs of Emotional Blackmail: Couples Counseling Tips. Retrieved from https://thriveworks.com/blog/6-warning-signs-of-emotional-blackmail-couples-counseling-tips/

Griffin, T. (2019, December 4). How to Deal with Emotional Blackmail. Retrieved from https://www.wikihow.com/Deal-with-Emotional-Blackmail

Steber, C. (2018, April 18). 11 Signs You Are Experiencing Trauma After A Toxic Relationship. Retrieved from https://www.bustle.com/p/11-signs-you-are-experiencing-trauma-after-a-toxic-relationship-8759486

Dodd, G. (n.d.). How To Maintain Your Grace After A Bad Breakup. Retrieved from https://www.bolde.com/how-maintain-grace-after-bad-breakup/

Meurrisse, T. (n.d.). 5 Differences Between Real Love And Attachment. Retrieved from https://www.lifehack.org/317383/5-differences-between-real-love-and-attachment

Vaknin, S. (n.d.). Codependence and the Dependent Personality Disorder. Retrieved from https://www.healthyplace.com/personality-disorders/malignant-self-love/codependence-and-the-dependent-personality-disorder

Psychological Manipulation in Treating Codependency. (n.d.). Retrieved from https://emotional-intelligence-training.weebly.com/psychological-manipulation-in-treating-codependency.html

Hunter, D. (2019, March 12). How Codependency Affects Recovery. Retrieved from https://www.rehabcenter.net/how-co-dependency-affects-recovery/

Blackmoor, L. (2016, December 16). 8 Signs You May Have a Codependent Parent. Retrieved from https://wehavekids.com/family-relationships/8-Signs-You-May-Have-a-Codependent-Parent

Dodgson, L. (2018, February 13). 8 warning signs you're in a damaging codependent relationship, according to experts. Retrieved from https://www.businessinsider.in/strategy/8-warning-signs-youre-in-a-damaging-codependent-relationship-according-to-experts/articleshow/62904771.cms

Jewell, T. (2018, January 11). Sociopath: Definition, vs Psychopath, Test, Traits. Retrieved from https://www.healthline.com/health/mental-health/sociopath

Lindeberg, S. (2019, January 9). Psychopath: Meaning, Signs, and vs Sociopath. Retrieved from https://www.healthline.com/health/psychopath

Smith, M. (2019, December 6). Narcissistic Personality Disorder. Retrieved from https://www.helpguide.org/articles/mental-disorders/narcissistic-personality-disorder.htm

Happe, M. (n.d.). The Relationship between Narcissism and Codependency. Retrieved from https://www.mentalhelp.net/blogs/the-relationship-between-narcissism-and-codependency/

Ramirez, J. (n.d.). A Guide To Avoiding and Dealing With Emotional Blackmail. Retrieved from https://www.ba-bamail.com/content.aspx?emailid=19234

Sattin, N. (2016, September 7). Defeating Emotional Blackmail and Manipulation with Susan Forward. Retrieved from https://www.neilsattin.com/blog/2016/09/55-defeating-emotional-blackmail-and-manipulation-with-susan-forward/

Perper, R. (2014, January 29). Non-Defensive Communication In 3 Easy Steps. Retrieved from https://therapychanges.com/blog/2014/01/non-defensive-communication-3-easy-steps/

Israel, L. (2011, September 7). Powerful Non-Defensive Communication: A New Way to Communicate. Retrieved from https://www.maritalmediation.com/2011/09/powerful-non-defensive-communication-a-new-way-to-communicate/

Camins, S. (n.d.). Setting Emotional Boundaries in Relationships. Retrieved from https://roadtogrowthcounseling.com/importance-boundaries-relationships/

Han, L. (n.d.). How to Stand Up for Yourself Without Sounding Defensive. Retrieved from https://bemycareercoach.com/soft-skills/stand-up-for-yourself.html

Ribeiro, M. (2019, December 5). How to Become Mentally Strong: 14 Strategies for Building Resilience. Retrieved from https://positivepsychology.com/mentally-strong/

www.ingramcontent.com/pod-product-compliance
Lightning Source LLC
Chambersburg PA
CBHW071156120626
46546CB00006B/2291